SEJA
A MUDANÇA

O Brasil visto e debatido
a partir do legado de

GANDHI

LEANDRO UCHOAS

SEJA A MUDANÇA

O Brasil visto e debatido
a partir do legado de

GANDHI

Paulinas

Dados Internacionais de Catalogação na Publicação (CIP)
(Câmara Brasileira do Livro, SP, Brasil)

Uchoas, Leandro
  Seja a mudança: o Brasil visto e debatido a partir do legado de
Gandhi / Leandro Uchoas. -- São Paulo : Paulinas, 2018. -- (Coleção
mundo possível)

  ISBN 978-85-356-4379-4

  1. Brasil - Política e governo 2. Ética 3. Gandhi, Mahatma, 1869-
1948 - Pontos de vistas políticos e sociais 4. Mudança social - Brasil
5. Não violência 6. Problemas sociais - Brasil I. Título. II. Série.

18-13402   CDD-303.4840981

Índice para catálogo sistemático:
1. Brasil : Mudanças : Debate : Sociologia   303.4840981

1ª edição – 2018

Direção-geral: *Flávia Reginatto*
Editora responsável: *Andréia Schweitzer*
Copidesque: *Ana Cecilia Mari*
Coordenação de revisão: *Marina Mendonça*
Revisão: *Sandra Sinzato*
Gerente de produção: *Felício Calegaro Neto*
Capa e projeto gráfico: *Tiago Filu*

Nenhuma parte desta obra poderá ser reproduzida ou transmitida por qualquer forma e/ou quaisquer meios (eletrônico ou mecânico, incluindo fotocópia e gravação) ou arquivada em qualquer sistema ou banco de dados sem permissão escrita da Editora. Direitos reservados.

Paulinas
Rua Dona Inácia Uchoa, 62
04110-020 – São Paulo – SP (Brasil)
Tel.: (11) 2125-3500
http://www.paulinas.com.br – editora@paulinas.com.br
Telemarketing e SAC: 0800-7010081
© Pia Sociedade Filhas de São Paulo – São Paulo, 2018

À minha mãe Maria Elisa,
que me ensinou a viver com força, amor e fé.

A meu pai Décio,
que me ensinou a ser menino para sempre.

Aos amigos Maura Sousa e Fabio Toledo,
que tanto me estimularam para a
consolidação desta obra.

SUMÁRIO

	Introdução 9
I	Gandhi e o meio ambiente 13
II	Gandhi e a desigualdade social 23
III	Gandhi e a religião 29
IV	Gandhi e a política 37
V	Gandhi e o ativismo social 45
VI	Gandhi e a economia 55
VII	Gandhi e a educação 61
VIII	Gandhi e o racismo 69
IX	Gandhi e o feminismo 79
X	Gandhi e o Direito 89
XI	Gandhi e outros temas 93
	Conclusão 101

INTRODUÇÃO

"Seja a mudança que você quer ver no mundo."
(Mohandas K. Gandhi)

Este livro nasce de uma busca incomum. Nasce de um processo intenso, e absolutamente não convencional, de descobrimento do mundo e de si mesmo. Sobre uma trajetória torta e esquisita, mesmo que deliciosa, tenho investigado o Brasil há décadas. Como jornalista, roteirista, produtor, engenheiro e ativista, lancei-me à estrada com a paixão dos adolescentes. Foi dessas formas diversas, e em tempos distintos, que peguei o Brasil com a mão. E com a intensidade dos apaixonados, investiguei-o como um menino.

Meu esforço, nas páginas que se seguem, é por ajudar a entender este país complexo e encantador, o Brasil, pelo pensamento da liderança que mais me influenciou ao longo da vida: Mahatma Gandhi. O homem que me fez conceber as desigualdades sociais do mundo, a urgência de enfrentá-las, e a possibilidade de fazê-lo pautado por pressupostos éticos inequívocos. O homem que me fez enxergar que política e espiritualidade não apenas não são conflitantes como se completam, quando praticadas com o coração.

Comecei a ler sobre Gandhi nessas publicações baratas e superficiais que se vendem em banca de revista. Estes livros raramente aprofundam a verdadeira personalidade do líder indiano, tratando-o como uma espécie de santo distante, uma entidade mais religiosa que política. A verdade é que esses livros se rendem a uma concepção pouco profunda do Mahatma, muito comum no Ocidente. Gandhi foi, na verdade, um rebelde contra as opressões do mundo, um desobediente, um libertário. Mas talvez seja menos incômodo aos donos do mundo vender apenas a imagem do pacifista, escondendo debaixo do tapete a do insurgente.

É de conhecimento público que a concepção básica de desobediência civil não violenta de Mahatma Gandhi tem me orientado desde sempre, como profissional e como cidadão. Especialmente no jornalismo e na militância política, suas ideias foram lentamente tomando expressão em minha atividade pública. Dessa forma, participando da história de meu país, aprendia a enxergar o Brasil a partir dessas duas principais influências: o acúmulo histórico dos setores progressistas latino-americanos e as ideias criativas e libertárias de Gandhi.

Chega o ano de 2013. De repente, sem que qualquer analista político imaginasse, o inesperado acontece. Uma onda de megamanifestações de rua toma conta do Brasil em junho daquele ano. Em uma delas, o Rio de Janeiro chegou a contar com dois milhões de manifestantes na rua. Defendiam as mais variadas bandeiras. Eu não vou dedicar maior tempo analisando aquele complexo momento – há leituras distintas sobre seu significado. Mas tenho a sensação de que a mobilização, que no início pareceu positiva, porque pressionou as esferas de poder a se moverem, depois se tornou confusa, mais conservadora, e terminou no prazo de um mês – embora seus efeitos ainda estejam visíveis até hoje.

Qual teria sido a principal causa da desmobilização? No meu modo de entender, que está muito longe de ser consensual, a principal causa foi a entrada em cena de um elemento novo: os *black blocks*. A estratégia desse grupo, agora amplamente conhecida, era reagir com violência aos símbolos do capital.

Aquela nunca foi a minha forma de fazer política. A cobertura midiática, seja por real preocupação ou por mero oportunismo, reagiu com condenação. E as pessoas deixaram as ruas.

Nesse momento eu vivia o auge da minha atividade política. Trabalhava em mandato parlamentar e militava em múltiplos movimentos sociais. Ao perceber que eu era a pessoa que mais estudava e pregava a não violência dentro de meu campo político, decidi pelo que, ao longo de minha vida, já me habituara a fazer: entreguei-me por inteiro aos meus ideais. Larguei meu emprego, minha relação afetiva, meus estudos e meu apartamento. Doei boa parte do que tinha em casa. E fui para a Índia me aprofundar no legado de Gandhi e estudar não violência.

Como não existem coincidências neste mundo, fui selecionado para um programa na universidade Gujarat Vidyapith, que foi fundada por Gandhi em 1920. Nela persistem, resguardando sua mensagem, familiares e seguidores do Mahatma. O reitor ainda era Narayan Desai, filho de Mahadev Desai, o melhor amigo de Gandhi. Narayan, que seria também meu professor, faleceu em 2015. No programa dedicado a ativistas sociais de países diversos, tomei contato com o pensamento atualizado do líder indiano em todas as esferas da vida, e convivi intensamente com seus seguidores.

Na Índia, enquanto debatíamos o acúmulo dos gandhistas nas diferentes esferas da construção de uma sociedade – educação, saúde, meio ambiente etc. –, minha mente ia naturalmente percorrendo as necessidades da minha terra natal, o Brasil. Absolutamente inovadora, a formulação de sociedade de Gandhi me deixou ainda mais apaixonado – apesar de encontrar, às vezes, alguns exageros. Fui percebendo como suas ideias e métodos poderiam ser aplicados com sucesso no Brasil, ou ao menos lançavam questões muito interessantes para debate.

Começava, ali, a nascer essa obra. Trata-se de uma leitura propositalmente ousada de como a mensagem do Mahatma pode ser aproveitada para se debater com profundidade o Brasil. O leitor vai se deparar com ideias semelhantes às de outros formuladores, e com proposições totalmente novas. Nem sempre vai identificar-se com a linha de raciocínio do autor. Entretanto, esta obra não se propõe a fechar os questionamentos – mas lançar as propostas de raciocínio ao debate público.

Haverá razão para muita discussão sobre as muitas ideias aqui apresentadas. Mas tenho sérios motivos para acreditar que aqueles que preservam, dentro de si, aquele fogo intenso da mudança, hão de aproveitar bem essas linhas. Aqueles que não se conformam com *hojes* iguais a *ontens*, não guardam seus sonhos em baús, e buscam alternativas para enfeitar de rosas seu futuro, hão de saber tirar daqui o que há de bom. E sendo essa a parcela de contribuição o que eu poderia dar ao meu país, não poderia deixar de me sentir realizado.

I

GANDHI
E O MEIO AMBIENTE

"Tudo o que vive é o teu próximo."
(Mohandas K. Gandhi)

Mohandas Karamchand Gandhi era uma espécie de Francisco de Assis indiano. Simples, pobre, incrivelmente humilde, tinha um amor imenso por animais e plantas. Era, com justiça, considerado o "Pai da Índia". Tinha carinho pelo apelido de *Bapu* (papai, em idioma local). A verdade é que aquele homem magrinho e simples era pai de todas as criaturas indianas. Era capaz de interromper uma reunião política importante com grandes lideranças para cuidar de uma cabra. E ao ver o seu *ashram* frequentado por cobras, ao invés de matá-las, solicitava que fossem removidas para região segura – dizia que eram eles, afinal, quem estava invadindo a casa delas.

Gandhi soube viver em sintonia completa com a natureza. Nas comunidades que criou, fez experiências constantes com ervas e alimentos. Nos primeiros anos em que retornou à Índia, após 1915, vindo da África do Sul, chegou a ser definido como uma pessoa obcecada por estudar comida que "também fazia política". Em seu livro *Key to Health* [A chave para a saúde],

Gandhi fala das necessidades do corpo e de sua relação com comida, respiração, bebida, sexo e tratamento natural. Seus *ashrams* tinham uma atmosfera rural, de constante contato com a natureza.

Aqueles que já mergulharam na mensagem de Gandhi, para além da imagem estereotipada que o Ocidente criou para ele, sabem que o que ele propunha era outro patamar civilizatório, completamente distinto das propostas que o mundo oferecia naquele momento histórico em que viveu. Seu modelo de sociedade funcionava em perfeita harmonia com os outros elementos da natureza. O homem não era um elemento externo a ela, a ser servido por ela – mas sim parte integrante, tão importante quanto os outros elementos. Assim, ele resgatava uma visão milenar dos indianos, hoje poluída pela influência perniciosa do Ocidente.

Mas o que tem isso a ver com o Brasil? Não é muito difícil responder a essa pergunta. Antes de tudo, para além do Brasil, essa mensagem gandhiana tem a ver com o momento atual da Terra. Nunca antes na história humana ficou tão evidente que o planeta está doente, e que a cura dessa doença só ocorrerá com a superação deste modelo civilizatório predador em que vivemos, estruturado no consumismo e no desejo de acumulação.

Crise ambiental

Segundo o levantamento anual da Global Footprint Network (GFN), que mede a pegada ecológica dos países, nós estamos consumindo, a cada ano, 50% a mais do que a capacidade do planeta de produzir. Isso significa que o homem consome 1,5 planeta-terra por ano – algo evidentemente insustentável a longo prazo. Os brasileiros, segundo a GFN, consomem 2,9 hectares globais por pessoa, em média – enquanto os americanos, a título de comparação, têm um índice de 7,2. Os cientistas – mesmo os mais conservadores – são unânimes em prever uma catástrofe no decorrer deste século.

O Painel Intergovernamental sobre Mudanças Climáticas (IPCC, na sigla em inglês) tem publicado relatórios assustadores sobre o que pode ocorrer com a humanidade. Secas, inundações, fome, desaparecimento de espécies e aumento do nível dos mares são algumas das previsões. No último relatório, o IPCC previu aumento de temperatura entre 0,3 e 4,8 graus centígrados neste século. Os oceanos tendem a aumentar entre 26 e 82 centímetros até 2100 – e as consequências disso são catastróficas. As previsões podem ser consideradas ainda mais preocupantes, na medida em que muitos cientistas consideram os dados do IPCC tímidos diante do quadro que se apresenta.

Portanto, torna-se mais do que oportuno que voltemos às palavras e, sobretudo, ao exemplo de Gandhi. Quando o movimento ambientalista sequer existia, e poucos apontavam o meio ambiente como motivo de preocupação, Gandhi já denunciava a insustentabilidade desse modelo de sociedade em que vivemos. É bastante conhecida a entrevista que ele dá a um jornalista que lhe pergunta o que ele acha da civilização ocidental. A resposta dele é emblemática: "poderia ter sido uma boa ideia". Suas críticas ao estilo de vida individualista e consumista pautam boa parte de seus livros, em especial o clássico *Hind Swaraj*. A despeito de alguns exageros, o líder indiano tinha um raciocínio muito à frente de sua época.

Nunca foi tão oportuno pensar o mundo como Gandhi. Forjar um modo de estar no mundo mais sustentável, menos agressivo à natureza, deixou de ser apenas uma posição ideológica, tornando-se hoje o caminho único de preservação da espécie humana. Para o Brasil, o desafio é ainda maior. O país não tem deixado o debate ambiental assumir a centralidade que merece. Pelo contrário, o Brasil toma rumos na contramão de qualquer estratégia de desenvolvimento sustentável.

Desmatamento

Basta lembrar que o ritmo de desmatamento de nosso maior símbolo, a Floresta Amazônica, voltou a aumentar nos últimos anos, após um período de ligeira diminuição no início da década passada. O Instituto Nacional de Pesquisas Espaciais (INPE) divulgou estudo segundo o qual o ecossistema já teria entrado em pane. Com 20% da floresta completamente devastados, e outros 20% em rigorosa degradação, a Amazônia já seria incapaz de seguir regulando o clima na América do Sul.

Somente em 2016, o ritmo de desmatamento, que já era grande, cresceu 29%. O INPE sugere que não é mais suficiente apenas conter o desmatamento – torna-se imperioso, inclusive, reflorestar a Amazônia. O último relatório do IPCC afirma que a floresta pode vir a se transformar em uma savana no futuro, caso se mantenha a tendência atual de degradação. Nem é preciso imaginar as consequências trágicas para os brasileiros, especialmente aqueles que vivem na periferia do ecossistema.

Parte da deterioração da Amazônia se dá tendo por motivação um fenômeno preocupante há anos: o avanço devastador do agronegócio no Brasil, que agora vitima a maior floresta do mundo. Algumas pessoas vão argumentar que é o agronegócio o principal responsável por equilibrar a balança comercial brasileira. Isso, no entanto, é outra fonte de preocupação, uma vez que lança luzes sobre o crescente processo de desindustrialização vivido pelo país, cada vez mais dependente da produção de produtos agrícolas primários.

E o Congresso Nacional não parece preocupado com esse quadro, a julgar por projetos que têm sido aprovados. Recentemente, aprovou leis que vão da flexibilização do licenciamento ambiental à legalização de território de grilagem. Esse processo dramático de aprovação de leis deletérias ao meio ambiente se acelerou a partir de 2016. A Noruega chegou a ameaçar retirar parte dos recursos que destina ao Fundo Amazônia por conta da fragilização do compromisso brasileiro com o combate ao desmatamento.

Poder do agronegócio

O avanço do agronegócio leva o Brasil a ser recordista mundial de uso de agrotóxicos. O uso de defensivos agrícolas no país aumentou 190% em dez anos. O agrotóxico mata a biodiversidade existente na natureza, uma vez que o agronegócio visa ao monocultivo de soja, milho, algodão ou cana-de-açúcar. O solo fica mais pobre, e os lençóis freáticos se contaminam, comprometendo os recursos hídricos de muitas cidades.

Produtos orgânicos ainda são caros, e o acesso é difícil. Também grassa o uso de transgênicos no país, especialmente nas grandes monoculturas de soja e milho. O Brasil felizmente proíbe a semente *Terminator*, da Monsanto, que gera produtos incapazes de produzir novas sementes, tornando os agricultores dependentes eternamente da empresa. Entretanto, a semente é permitida na vizinha Argentina, e o controle de nossas fronteiras é frágil.

A concentração brutal de terras no país também compõe esse cenário de terror. Aproximadamente 1% de todos os proprietários controla 46% das terras no Brasil. Dentre cerca de quatrocentos milhões de hectares de propriedade privada, somente sessenta milhões são utilizados como lavoura. Os outros trezentos e quarenta milhões são considerados ociosos, subutilizados, ou foram destinados à pecuária. O resultado da concentração de terras é o desemprego no campo, fazendo com que as grandes cidades brasileiras cresçam sem garantia de emprego a todos. Ou seja, a favelização das metrópoles, com suas conhecidas consequências, tem relação direta com a concentração de terras no campo.

Nem é preciso lembrar que esse modelo conta com um forte escudo político, que é a bancada ruralista do Parlamento brasileiro. Esse bloco de parlamentares é considerado o mais forte e organizado do Congresso Nacional. Nas últimas eleições, aumentou ainda mais de tamanho. O número de deputados e senadores alinhados com o setor passou de 205 a 263 – de um total de 594 eleitos. Trata-se de um crescimento de mais de 30%. A Confederação Nacional de Agricultura (CNA) tem há anos o controle do Ministério da Agricultura. É a comprovação da força política quase intransponível do setor.

Modelo civilizatório

Gandhi propunha outro modelo de sociedade completamente distinto deste. Caso seguíssemos sua formulação, sequer haveria megalópoles como São Paulo e Rio de Janeiro. Para ele, a humanidade deveria retomar um estilo de vida comunitário. Gandhi concebia o modo ideal de se organizar a vida no planeta como sendo o da vida em comunidade, em pequenas unidades sociais. É uma formulação que se aproxima do que são hoje as chamadas ecovilas. Engana-se muito quem diminui essa formulação a uma suposta "volta ao passado", análise simplista de quem não mergulhou, de fato, em sua proposta.

Ele queria estimular as pequenas unidades sociais que vivem em estado de preservação do meio ambiente, garantindo, na medida do possível, os itens essenciais à sua sobrevivência. Ele entendia que somente os itens que não pudessem ser produzidos nessas pequenas vilas deveriam ser fabricados em larga escala. Nos *ashrams* onde viveu, Gandhi radicalizou na experimentação. Até mesmo as roupas que utilizavam eram produzidas por eles mesmos, algo que tem muita conexão com a conjuntura política da época, em que a indústria inglesa explorava o setor têxtil indiano de forma predatória – a fabricação das próprias roupas terminava sendo uma maneira de resistir àquele processo.

No Brasil, temos uma série de experiências muito bem-sucedidas de ecovilas que, saibam ou não seus fundadores, têm grande sintonia com o que Gandhi propunha há um século. Seguem práticas que, em tudo, têm a ver com o que se experimentava em locais onde o líder indiano viveu, como o *Sabarmati Ashram*, em Ahmedabad, e o *Sevagram Ashram*, em Wardha. Buscam utilizar apenas energias renováveis, produzem alimentos orgânicos e frequentemente vegetarianos, constroem suas edificações através de bioconstrução, praticam economia solidária, desenvolvem práticas como a permacultura, e organizam atividades de estímulo ao convívio social e ao espírito de solidariedade.

As ecovilas são experiências internacionais que, quando bem administradas, apresentam resultados de deixar corado qualquer país. Uma das mais famosas é Findhorn, que fica na Escócia. As pessoas que se sentem atraídas pelo pensamento de Gandhi, e pelas ideias defendidas ao longo deste capítulo, devem procurar ecovilas próximas para conhecer, estudar a fundo essas práticas e alavancar novas unidades – sabendo fugir, é claro, das falsas comunidades de charlatães.

Bem viver

Essas são experiências práticas reais de um modelo de civilização não competitivo, não desigual, não individualista e, sobretudo, não violento. Como as pessoas estão acostumadas a pensar que algo só funciona quando se torna hegemônico, é comum ouvir críticos dizendo: "Mas isso não funciona para a humanidade inteira, é utopia". O fato é que isso já está funcionando para parte da humanidade e, portanto, já é um modelo de sucesso. Um modelo não precisa ser hegemônico para demonstrar que funciona.

Na América Latina, alguns povos se esforçaram recentemente para resgatar formulações semelhantes de seus ancestrais indígenas. Na Bolívia e no Peru, recuperou-se o conceito de *suma qamaña*, o bem viver na língua aymara. Especificamente na Bolívia, virou lei registrada na Constituição, em outubro de 2012, definindo que seria obrigação do Estado buscar o desenvolvimento integral em harmonia e equilíbrio com *Pachamama*, a Mãe Terra na língua quéchua. A lei resgata a concepção indígena da natureza como ser vivo, em que os seres humanos são apenas uma criatura entre tantas outras.

Organizada anualmente no Brasil, durante a quaresma, pela Conferência Nacional dos Bispos do Brasil (CNBB), a Campanha da Fraternidade do ano de 2012 teve como tema "Fraternidade e saúde pública". Ou seja, os desafios da saúde estavam entre as principais preocupações da Igreja Católica brasileira. Na época, o primeiro entre os objetivos estabelecidos pela CNBB era o de "disseminar o conceito de bem viver e sensibilizar para a prática dos hábitos de vida saudável". Era o Brasil católico incorporando a proposta histórica dos aymarás e quéchuas que formaram a Bolívia e o Peru.

Alimentação onívora

Gandhi não teria grande discordância em relação a essa proposição, exceto em um ponto interessante. Assim como a maior parte dos habitantes de seu país, ele era vegetariano, e entendia o consumo de carne como um desafio para a formulação de um estilo de vida saudável. Para ele, bem como para boa parte dos indianos – principalmente em Gujarat, estado onde ele viveu –, respeitar a natureza também significa não consumir restos mortais de animais. O conceito é extremamente polêmico em todo o Ocidente, incluindo o Brasil.

É muito difícil convencer um onívoro, consumidor de carne, de que a dieta vegetariana não é apenas uma opção exótica. No entanto, é preciso entender que o vegetarianismo não se justifica somente pela preservação da vida dos animais – o que, para um gandhiano, já seria um motivo que justifica a decisão. Além disso, ainda há a incômoda relação entre o consumo de carne e a degradação do meio ambiente.

Só a pecuária, isoladamente, é responsável por boa parte da emissão de gases de efeito estufa. Segundo a Organização das Nações Unidas para Alimentação e Agricultura (FAO, na sigla em inglês), a pecuária é responsável por 14,5% da emissão dos gases (7,1 bilhões de toneladas de dióxido de carbono por ano). No cálculo, está a produção dos alimentos do gado, a digestão das vacas (a flatulência libera dióxido no ar), a decomposição do estrume e o processamento e transporte dos produtos. Ou seja, o cálculo sequer inclui a emissão de gases provocada pela devastação das áreas onde os animais pastam. Existem estudos de que, no Brasil, a pecuária seria responsável por nada menos do que metade da emissão de gases de efeito estufa.

Em outubro de 2012, pesquisadores do mundo inteiro se reuniram em Estocolmo para a Semana Mundial da Água. No encontro, como era de se esperar, o centro do debate foi a escassez de recursos hídricos no planeta, que tende a aumentar ainda mais com o aquecimento global, tornando incontrolável a ocorrência de chuvas e o crescimento populacional. O surpreendente, na ocasião, é que os pesquisadores determinaram que, para sobreviver, a humanidade teria que reduzir o consumo de carne a pelo menos 25% do patamar atual. Segundo estudos, para se produzir um quilo de carne, utiliza-se quinze mil litros de água.

Sabemos que este não é um debate fácil. Mas as palavras de Gandhi servem justamente para problematizar, para fazer ruir antigas certezas. Assim são os visionários. Inegável é que a formulação de outro mundo, e um Brasil menos injusto e mais humano, passa pelo respeito irrefreável ao meio ambiente. Não criaremos uma humanidade digna deste nome com as diárias agressões à nossa casa principal, que é a natureza. Gandhi pregou e viveu essas verdades, defendidas na Índia desde tempos imemoriais. E, como ele mesmo dizia, se ele viveu, todos nós também podemos viver. Todos.

II

GANDHI
E A DESIGUALDADE SOCIAL

> *"Cada dia a natureza produz o suficiente para nossa carência. Se cada um tomasse apenas o que lhe é necessário, não haveria pobreza no mundo e ninguém morreria de fome".*
> (Mohandas K. Gandhi)

"Felicidade é quando o que você pensa, o que você diz e o que você faz estão em harmonia", disse certa vez o líder indiano. A frase de Gandhi poderia ser interpretada como uma síntese de seu pensamento. Toda a sua estratégia política e seu planejamento de vida têm suporte nesse raciocínio. É a busca por coerência absoluta. Uma amiga certa vez me disse, ao ouvir essa citação, que "nenhuma frase no mundo pode ser melhor do que essa". Gandhi postulava a busca pela verdade como essência do seu estar no mundo. "A verdade é Deus", dizia, atualizando sua formulação anterior, segundo a qual "Deus é a verdade".

Para conceber Gandhi, é preciso entender isso. Em seu pensamento econômico, esse raciocínio também se fazia presente. Ele acreditava ser preciso coerência máxima entre o que se diz, o que se pensa e o que se faz. E também sobre o que se sonha, o que se projeta, o vir a ser. Portanto, o mundo que ele queria construir era um mundo de partilha, de solidariedade, de comunhão. Um lugar onde todos fossem iguais, e onde o homem fosse essencialmente amigo do homem. Para Gandhi, uma sociedade construída, tendo por base a competição e a ambição, poderia até levar à prosperidade material – como se vê hoje em dia –, mas jamais alcançaria equilíbrio social.

Riqueza e desigualdade

A citação que abre este capítulo é uma extensão desse raciocínio. Gandhi acreditava, não só por idealismo, mas também baseado em dados concretos, que o mundo fornece sustento em abundância para toda a humanidade. Se a gente formular um sistema onde essa divisão seja justa, evitando que um receba muito mais do que o outro, não haverá qualquer privação. "Cada dia a natureza produz o suficiente para nossa carência. Se cada um tomasse o que lhe fosse necessário, não haveria pobreza no mundo e ninguém morreria de fome." Esta é uma de suas citações mais conhecidas – é vista como a chave de um enigma, quando deveria ser um raciocínio óbvio.

Entretanto, não é o que ocorre no mundo, nem no Brasil. Nunca a humanidade foi tão rica e ostentou uma capacidade tão inacreditavelmente grande de reproduzir riqueza. No entanto, a concentração do acesso a todas as necessidades humanas aumenta, ao invés de diminuir. Segundo a revista *Forbes*, o número de bilionários no mundo já seria, em 2017, de 2.043 pessoas – 13% a mais do que no ano anterior. O número de bilionários no Brasil mais do que dobrou de 2011 a 2014. E em 2017, a *Forbes* anunciava a existência de quarenta e três fortunas maiores do que R$ 1 bilhão no Brasil. A maior cidade do país, São Paulo, já seria a sexta do mundo em número de bilionários.

Enquanto isso, o fosso entre ricos e pobres se amplia de forma incrível. Recentemente, a Organização para a Cooperação e o Desenvolvimento Econômico (OCDE) divulgou relatório demonstrando como a riqueza foi se concentrando de forma brutal no mundo de 1820 a 2010. O índice de Gini, que mede a desigualdade entre 0 e 100, passou de 16 para 54. No Brasil, o índice foi de 47 a 61 nos dois séculos.

Se considerarmos as últimas três décadas, o índice de Gini mundial, que mede a desigualdade intrapaíses, passou de 36 a 45. Quais as consequências dessa brutal desigualdade? A quantidade de pessoas que vivem abaixo da linha de pobreza gira em torno de 1,3 bilhão – aproximadamente um quinto da população mundial. Na África subsaariana, a quantidade de pessoas em extrema pobreza dobrou nas últimas três décadas – foi de duzentos e cinco milhões para quatrocentos e catorze milhões!

Através de políticas de transferência de renda e da valorização do salário mínimo o Brasil melhorou seus indicadores. Segundo a Organização das Nações Unidas para a Agricultura e Alimentação (FAO, em inglês), entre 2001 e 2012, o Brasil reduziu a pobreza extrema em 75% (a pobreza foi reduzida em 65% no período). No entanto, de 2015 em diante, estes indicadores estão piorando rapidamente, com o agravamento da crise econômica e a fragilização de políticas sociais. Em 2017, o Banco Mundial mudou a maneira de calcular índices de pessoas pobres, e detectou 45,5 milhões de brasileiros – 22% da população – abaixo da linha de pobreza.

A FAO considera o caso brasileiro um dos melhores exemplos mundiais de combate à pobreza, o que é confirmado pelos indicadores, que melhoraram até 2015 – e regrediram depois. Entretanto, é preciso lembrar que *pobreza* é diferente de *desigualdade*. O país sempre esteve e ainda está entre os mais desiguais do mundo. É a quarta nação mais desigual da América Latina, que por sua vez é a região de maior desigualdade no mundo. O Brasil tem um índice de Gini de 0,515, em levantamento relativo a 2015, que o coloca na posição de 10º país mais desigual do mundo.

Partilha e comunhão

Não é difícil imaginar o quanto esses dados estão distantes do que Gandhi projetava para o mundo. Admitamos que não seria correto, no entanto, classificar a posição dele como socialista ou anarquista (embora seu pensamento tivesse, em seu cerne, a proposta de superação do capitalismo). Gandhi não imaginava um sistema onde o acesso aos bens materiais e culturais fosse absolutamente igual, com a proposta de salários semelhantes com o controle, pelo estado, dos bens de produção. Sua concepção de sociedade era bastante diferente disso. Ele projetava o aprofundamento das relações comunitárias e o crescimento das trocas econômicas internas à comunidade, ou com comunidades próximas.

Gandhi sonhava com a universalização de um estilo de vida simples, onde o homem pudesse viver em sintonia com a natureza e todos os seus seres. Aprofundando as relações comunitárias, e com uma microeconomia estruturada na quase autossustentabilidade desses pequenos sistemas, as pessoas se integrariam mais, se amariam mais, e poderiam exercer mais a partilha, a solidariedade, a comunhão. Se não é exato ser caracterizada como socialista ou anarquista, a concepção de sociedade de Gandhi pode ser estudada como uma alternativa possível às contradições do capitalismo – sistema que, hoje, prova cada vez mais sua grande capacidade de gerar pujança material, e ao mesmo tempo seu extremo fracasso em gerar igualdade social.

Economia solidária

Há os que leem essas ideias e pensam: "Já estou cansado de ouvir sempre o mesmo diagnóstico. Mas qual seria a solução?". Sobre esse raciocínio, Gandhi era um visionário. O que ele propunha em seu tempo, hoje existe, embora em pequena escala. Para enfrentar os níveis enormes de desigualdade, ele propunha relações econômicas entre as microssociedades, que são, basicamente, aquilo que a gente chama hoje de economia solidária.

Economia solidária é o nome atribuído a uma forma diferente de comercializar mercadorias. Tem base associativista e cooperativista, de modo que quem faz parte da rede é, ao mesmo tempo, trabalhador e dono. A produção dos bens de consumo é feita com completo respeito ao meio ambiente, e os negócios são administrados através de autogestão. Trata-se de outro jeito de consumir, de outra forma de estar no mundo. Pode ser considerado, ainda, um movimento social, que atua politicamente por um padrão de consumo consciente e sustentável.

Basicamente, a economia solidária trabalha com a cooperação, ao invés da competição. Apenas com essa característica, apresenta à sociedade outro modelo civilizatório, onde cada agente econômico se complementa e atua em parceria. O que é bom para um é bom para todos. No comportamento hegemônico, que trabalha com a ideia da competição, cada agente econômico deve ser cada vez melhor para derrotar o outro. Os defensores desse modelo só conseguem enxergar os méritos do vitorioso, sem entender que nesse padrão sempre existe um derrotado. Quando se trabalha com a cooperação, todos são vitoriosos.

É a lógica do ganha-ganha, da qual Gandhi era uma espécie de precursor. Com o "programa construtivo" (*constructive programme*) elaborado por ele, e desenvolvido até hoje nos *ashrams* que seguem sua filosofia, pratica-se um formato de produção e consumo muito próximo do que a gente chama, no Ocidente, de economia solidária. A proposta é ainda mais rica, porque se produz o essencial à vida com máquinas simples, e muitas vezes sem usar sequer energia elétrica, o que revela um respeito ainda maior ao meio ambiente – muito embora, às vezes, isso tenha sido seguido de forma excessivamente radical.

Teoria da abundância

Essa ideia de substituir a competição pela cooperação está instituída em valores mais elevados. Por um lado, pressupõe-se que o ser humano é bom, gosta de auxiliar o próximo, e pode viver em estado de partilha dos bens sociais. Além disso, entende-se que o planeta é abundante em matérias-primas e que dividindo seus recursos pode-se alcançar um patamar de abundância muito maior do que o forjado pela sociedade competitiva atual.

Muito se tem falado, nos setores progressistas da sociedade, sobre essa abundância. Um bom exemplo são as casas colaborativas que têm surgido nas grandes capitais do país, propondo uma série de atividades das mais variadas – em geral, de transformação íntima ou social – e sendo sustentadas por seus colaboradores, com contribuições a partir de suas consciências. No Rio de Janeiro, em São Paulo, em Porto Alegre e em Belo Horizonte já há experiências desse tipo – como foi durante algum tempo a Laboriosa 89 em São Paulo, ou a Catete 92 no Rio.

Há outras iniciativas semelhantes, como o Curto Café, no Rio de Janeiro – espaço onde o café é servido e o cliente paga quanto sua consciência determinar. Lá, as contas também são expostas em um quadro. A ideia de grupos como esses é a de contrapor a Teoria da Escassez à Teoria da Abundância. A primeira delas remete ao estado de escassez existente sempre que a concorrência na sociedade limita seus recursos ou possibilidades. Colaboração é soma, e por isso revelaria o caráter de abundância existente no planeta. É semelhante ao pensamento de Gandhi.

Seria desonesto dizer que o líder indiano oferece um modelo claro de superação do capitalismo. É evidente que isso não ocorre. No entanto, suas ideias e práticas são úteis no sentido de oferecer pistas, nortes, para que no futuro possamos vislumbrar alternativas. O Mahatma era direto em sua análise. Enquanto não forem oferecidas a todo o conjunto de seres humanos do planeta as mesmas possibilidades de bem-estar e o mesmo acesso à cidadania digna, a ideia de não violência não vai concretizar-se. Estabelecer a não violência como norte significa lutar contra a desigualdade e suas origens estruturais, todos os dias de nossas vidas.

III

GANDHI
E A RELIGIÃO

"Deus não tem religião".
(Mohandas K. Gandhi)

Ele só tinha suas longas vestes alvas, fabricadas com suas próprias mãos na sua rudimentar roca de fiar, e uma simplória sandália de couro que ele também produzia. Quando, em viagem pela Índia, aproximava-se lentamente para discursar, os habitantes locais choravam e se lançavam ao solo, como a reverenciar um semideus. Ganhou dos indianos o apelido de Mahatma, que quer dizer "grande alma". Esses acontecimentos, em parte resultados dos aspectos culturais da Índia, reforçam a imagem de homem santo, ou de líder espiritual. Mas Gandhi nunca estimulou esse tipo de tratamento.

Boa parte do mundo via e ainda vê Gandhi como um líder espiritual, o que em tese ele nunca foi. Seria mais preciso classificá-lo como um ativista político, um filósofo ou um líder comunitário. Mas tamanha era a sua reverência ao místico, a importância que dava ao espiritual, que boa parte do mundo ainda o vê assim. Muitas vezes, quando se elencam os principais líderes espirituais da história – Jesus, Maomé, Buda,

Krishna, Moisés, Confúcio, Lao Tsé etc. –, frequentemente se inclui Gandhi.

Em verdade, ele sequer tinha religião – o que tinha era religiosidade, expressa em intensas práticas espirituais. Durante a maior parte de sua vida, reivindicou-se seguidor do hinduísmo, em respeito a seu povo. Na Porbandar onde nasceu, e em todo o estado de Gujarat, a religião hindu é muito presente, especialmente em sua ramificação jainista. É do jainismo que ele retirou o famoso conceito de *ahimsa*, ou não violência. Mas mesmo reivindicando-se hindu, passou a ter profundo interesse por muitas religiões após viver na Inglaterra, onde estudou Direito, e chegou a dar aulas de estudos bíblicos na África do Sul, onde foi advogado.

Mais próximo ao final de sua vida, passou a dar uma resposta belíssima aos que perguntavam sobre sua religião. "Sou hindu, muçulmano, judeu e cristão", dizia, em referência a quatro das principais religiões da Índia. E ele ainda ensinava: "Deus não tem religião". Nesse período, Gandhi já fazia duas orações públicas diárias, por volta de 4h30, de manhã, e em torno de 19h, à noite. Nessas cerimônias, eram entoadas em sequência orações de todas as religiões da Índia: hindu, jainista, muçulmana, budista, judia, cristã, parse, sick.

Quando eu vivi na Índia e participava dessas cerimônias, que ainda existem entre seus seguidores, emocionava-me com o Pai-Nosso, pela manhã, e a Oração de São Francisco de Assis, à tardinha. Mas a mais linda das orações-canção era "Om Tat Sat Shri Narayana Tu". Era uma espécie de prece ecumênica que abordava aspectos de todas as crenças, cantada em híndi, com uma melodia calmante de notória elevação espiritual.

Intolerância religiosa

Gandhi negava a pecha de santo. Em boa parte de sua principal obra biográfica, *Minhas experiências com a verdade*, ele se esforça por trazer à luz os principais erros de sua vida, da infância à velhice. Talvez por interesses comerciais de editoras, o livro é erroneamente considerado sua autobiografia, quando, na verdade, é uma coletânea de momentos de sua vida em que ele acredita ter se deparado com a Verdade, que para ele era Deus.

Em sua vivência espiritual, a principal lição de Gandhi era a de extrema tolerância em relação às outras religiões. São inúmeras as passagens de sua vida em que ele demonstra entender que todos os caminhos propostos pelos diferentes cultos tinham a capacidade de gerar elevação espiritual. Era apaixonado pela vida de Jesus, em especial pelo Sermão da Montanha, e tinha devoção pelo islamismo. Quando criança, o sacerdote de seu templo revezava leituras da Bhagavad Gita, escritura hindu, e do Alcorão, livro sagrado muçulmano.

Próximo à independência de seu país, quando se desenhou a separação entre um estado majoritariamente hindu, a Índia, e outro islâmico, o Paquistão, ele se opôs à ideia enquanto pode. Tanto que ele sequer celebrou a independência, causa para a qual dedicou sua vida. Na guerra civil que sucedeu a iniciativa, verdadeiros massacres de hindus por muçulmanos, e vice-versa, ocorreram. A última e 17ª greve de fome que empreendeu foi feita em protesto contra a divisão entre os adeptos das duas religiões. Durou cinco dias o jejum, e acabou doze dias antes de seu assassinato.

Até pouco tempo, essas lições de Gandhi seriam importantes para quase todos os povos do mundo, mas não muito para o Brasil. Comparado com outros países do mundo, o Brasil nunca pôde ser considerado a nação mais intolerante do ponto de vista religioso. Pela forma miscigenada como foi formado, o povo brasileiro tem uma leve tendência ao sincretismo e à tolerância. Há no país, por exemplo, religiões que nascem da mistura de tradições africanas, indígenas e europeias.

Fundamentalismo religioso

Ao longo do século XXI, no entanto, o nível de intolerância religiosa tem aumentado progressivamente no Brasil. As religiões de matriz afro, que sempre sofreram algum preconceito, são cada vez mais criminalizadas. A umbanda, por exemplo, religião brasileira que utiliza símbolos católicos como representação da mitologia africana, com elementos oriundos do xamanismo e do espiritismo, é vítima de forte perseguição. O candomblé, igualmente sincrético, é outra religião criminalizada. Templos são apedrejados, pais de santo são perseguidos, e sua história é negada.

O avanço da intolerância no país se dá especialmente com o crescimento de setores mais fundamentalistas entre as denominações classificadas como evangélicas. Termina por ocorrer, no país, um fenômeno curioso. Historicamente, as religiões evangélicas foram, no mundo, justamente aquelas que buscaram respeitar a diversidade de pensamento e os diferentes modos de crer. Surge no Brasil, no entanto, algumas denominações fundamentalistas que, mesmo minoritárias na ampla gama de igrejas consideradas evangélicas, crescem mais e tencionam a sociedade para posicionamentos conservadores.

Cria-se um cenário, no Brasil, de preconceito nas duas direções. Tanto há um setor minoritário de evangélicos que é intolerante em relação à diversidade religiosa, quanto há aqueles que, na direção oposta, ao identificar esse preconceito, tornam-se preconceituosos contra todo tipo de prática evangélica. Forma-se, portanto, um ciclo vicioso onde poucos conseguem manter a lucidez. Parte da classe média, que frequentemente ignora sua ignorância, assume uma postura de nojo da estética evangélica, como se todo cristão fosse fundamentalista. Há intolerância, portanto, nas duas direções.

Projeto de poder

A denominação de "evangélicos", que já atinge 22,2% da população brasileira, é extremamente ampla e complexa. Vai de denominações tradicionais como batistas e presbiterianos até pentecostais e neopentecostais, subdivisões também amplas e complexas. A maior das denominações, a Assembleia de Deus, por exemplo, é subdividida em várias. Em meio a esse mar de divisões, há os fundamentalistas, minoritários no computo geral, que frequentemente são adeptos da Teologia da Prosperidade, estimulando a riqueza como objetivo de vida.

O problema central é que esse setor é o que mais cresce em poder político e midiático. Os fundamentalistas se constroem de maneira planejada. Eles têm projeto de poder, disputando Executivo, Legislativo e mídia. O Instituto de Estudos da Religião (Iser) divulgou, em 2009, estudo segundo o qual havia, no país, vinte redes de televisão transmitindo conteúdo religioso, sendo onze evangélicas e nove católicas. A Record, segunda maior rede do país, pertence à Igreja Universal do Reino de Deus. Sozinha, a denominação controla vinte emissoras de TV e quarenta de rádio, além de gravadoras e editoras.

No Parlamento, é cada vez maior o número de pastores que se elegem deputados ou senadores. O número de pastores candidatos ao Congresso Nacional saltou em 40% de 2010 a 2014, indo de 193 a 270. A bancada evangélica cresceu 14% na Câmara, elegendo oitenta deputados federais. São Paulo e Rio de Janeiro têm, cada um, catorze deputados evangélicos (não necessariamente pastores). Nada menos que quinze estados têm frentes parlamentares evangélicas organizadas. O número de vereadores evangélicos no país, segundo o Fórum Evangélico Nacional de Ação Social e Política, chega a dez mil.

Na disputa à presidência da República, os nove partidos da coligação vitoriosa em 2014 criaram um comitê especial para os evangélicos. Durante a campanha, a então presidente, disputando a reeleição, fez questão de comparecer pessoalmente à inauguração do Templo de Salomão, obra mais do que faraônica promovida pela Igreja Universal do polêmico bispo Edir Macedo. No mesmo evento, além dela, estava também o governador de São Paulo, do partido de oposição ao que ocupava o governo federal.

Esse complexo projeto de poder, que envolve a disputa de Executivo, Legislativo e mídia, é o que diferencia os fundamentalistas de religiões classificadas como evangélicas. Porque, na verdade, existem muitos fundamentalistas também entre católicos, judeus e espíritas cristãos, entre outros. Temos, no Brasil, católicos que ainda rezam missa em latim, judeus que se consideram o povo escolhido por Deus, e espíritas que falam das outras religiões como se fossem menos evoluídas. Mas os evangélicos desenvolveram um projeto de poder ainda mais incisivo que o da Igreja Católica.

Política e religião

Vale lembrar, uma vez mais, que não é correto imaginar todos os evangélicos como um bloco coeso e monolítico. Há, entre eles, divisões das mais diversas naturezas. Há muitas denominações consideradas evangélicas que se opõem, terminantemente, à participação de pastores na política. A própria candidata à presidência que ficou em terceiro lugar na disputa de 2010 e 2014 é evangélica e contrária à mistura entre política e religião.

Essa é outra questão polêmica em que podemos, mais uma vez, recorrer a Gandhi. É correto misturar política e religião? "Posso dizer, sem qualquer hesitação e com toda a humildade possível, que aqueles que dizem que a religião não tem nada a ver com política não sabem o que a religião significa", disse certa vez, e precisamos entender como ele pensava. Ele considerava que uma forma de se exercer a espiritualidade era agindo no mundo contra as injustiças sociais.

Gandhi era considerado pelos adeptos do hinduísmo um *karmayogi*, ou seja, um *yogue* da ação. Era um homem que buscava a santidade agindo no mundo, e não se isolando em uma montanha de forma ascética para meditar ou orar. Propunha uma forma de elevação espiritual em que se age na sociedade para superar suas contradições, e especialmente para convencer agentes de opressão social de que estão errados e de que outra conformação social é possível e desejável.

Portanto, Gandhi fez política durante toda sua vida, seja como ativista social, seja mesmo como membro de uma organização partidária, o Partido do Congresso, que naquele momento lutava pela independência da Índia. Ele entendia isso como uma forma de exercer sua espiritualidade, ou seja, seu amor ao próximo, sua dedicação aos cidadãos de seu país.

Evidentemente, essa é uma forma de atuar na política institucional muito diferente daquela praticada pelo fundamentalismo religioso no Brasil. Os fundamentalistas defendem uma pauta considerada conservadora não só na chamada agenda identitária: união civil entre pessoas do mesmo sexo, legalização das drogas, descriminalização do aborto etc. Eles também costumam defender a pauta conservadora no âmbito da economia: defenderam a reforma do Código Florestal que, pela ganância do agronegócio, compromete a saúde de ecossistemas inteiros; aliam-se aos interesses de grandes empreiteiras, que muitas vezes financiam seu projeto político; omitem-se na denúncia de uma política econômica de juros altos etc.

Talvez, a defesa de uma forma de atuação política casada com uma vivência espiritual esteja mais próxima, no Brasil, do que praticam há anos os setores progressistas da Igreja Católica. Os adeptos da Teologia da Libertação, que incluem setores evangélicos, acostumaram-se a atuar politicamente de forma a combater a fome e a miséria e estimular a consciência política dos setores mais populares da sociedade. Figuras como Dom Helder Camara são a síntese disso. O bispo chegou a ser indicado ao Prêmio Nobel da Paz na década de 1970.

Enfim, o grande exemplo de Gandhi no que se refere à esfera mística da vida é monumental. Ele tomava o aspecto espiritual como base de toda a sua ação. Tudo o que fazia, nos planos público ou privado, tinha como eixo sua espiritualidade, sua religiosidade. E não atrelava isso a denominação alguma, a nenhuma ramificação específica de uma dada religião. Gandhi deu aulas diárias de tolerância, e poucas lições são tão oportunas para o Brasil do século XXI como essa.

IV

GANDHI
E A POLÍTICA

> "Os homens dizem que eu sou santo,
> perdendo-me a mim mesmo com política.
> O fato é que eu sou um político,
> fazendo o máximo possível para ser um santo."
> (Mohandas K. Gandhi)

Gandhi foi um ativista político. Essa talvez seja a principal dimensão de sua complexa e rica personalidade. Em sua trajetória, participou de inúmeros movimentos de *satyagraha*, em defesa das mais diversas pautas: a independência da Índia, a igualdade de gênero, os direitos dos intocáveis, a igualdade racial na África do Sul, entre outras. No entanto, sua relação com a política institucional – a escolha de representantes da sociedade para Executivo e Legislativo – é complexa. Vale a pena entendê-la, de forma a fazer um paralelo com o cenário brasileiro, que atualmente é de profunda degradação da política, gerando profunda desesperança na sociedade.

Gandhi tinha uma maneira muito simples de falar das coisas. Talvez seja essa a explicação da facilidade que ele tinha em se comunicar com as grandes massas. Certa vez, ele disse: "eu entendo a democracia como algo que dá ao fraco as mesmas chances que tem o forte". Nada mais simples e direto. Sua visão da democracia era isso. Se ela não era capaz de dar ao fraco as mesmas chances do forte, então não era democracia.

Muitos dos estudiosos de seus escritos o classificam como um anarquista, porque ele vislumbrava um mundo onde o estado existiria apenas para a garantia daquilo que, a nível local, não pudesse ser provido. A classificação de Gandhi como anarquista é polêmica e encontra muitos opositores. O fato é que seu pensamento era único. Ele se entusiasmava com a democracia como um mecanismo de promoção de igualdades, como ferramenta de concessão de poder político para as classes mais pobres. Mas apontava seus limites. Criticava, por exemplo, o fato de alguém poder ganhar uma eleição por 51% a 49% – o que significaria que praticamente metade do eleitorado havia ficado insatisfeito com o resultado.

Em 1915, logo que retornou à Índia, após duas décadas na África do Sul, Gandhi se tornou presidente do Partido do Congresso. Era a principal liderança política do país, e presidia a sigla que, após a independência indiana, iria monopolizar o poder naquela nação. Ele participou, durante muitos anos, da construção do Partido do Congresso. A agremiação se firma, ainda hoje, em um princípio criado por Gandhi, o *Sarvodaya* – que poderia ser traduzido como bem-estar social para todos. No momento, porém, esse partido não governa o país asiático.

Degradação da política

Esses elementos são indispensáveis para se pensar o momento atual do mundo, e principalmente do Brasil. A política institucional chegou a um nível de degradação em que é difícil definir saídas possíveis. As pesquisas demonstram que a avaliação dos partidos (e da "classe política") é bem pior do que a das outras instituições da sociedade brasileira. Para 81% dos brasileiros, partidos são "corruptos ou muito corruptos", segundo a ONG Transparência Internacional. Em segundo lugar entre as instituições mais desacreditadas, segundo a mesma pesquisa, vem o Congresso Nacional, com 72%. Os dados são de 2013, e possivelmente seriam ainda piores se fossem refeitos hoje.

Cria-se, portanto, um ciclo vicioso. Os partidos políticos dão mau exemplo, moldando uma imagem ruim de si mesmos. Em seguida, as pessoas íntegras não alimentam o desejo de participação política, muito menos o de se filiar a um partido com o qual se identifiquem – até porque, frequentemente, não se identificam com nenhum. Isso faz com que os partidos também não ganhem em qualidade de participação e de debate. Alguns deles, ao chegar ao poder, adotam práticas que antes condenavam, por entender que é preciso pragmatismo para garantir maioria no Parlamento – dessa forma, com o tempo, terminam igualando-se aos demais.

Um cenário parecido ocorre em boa parte do mundo. O resultado é um descolamento da política institucional em relação à sociedade que elegeu seus representantes. É como se fossem duas entidades completamente desconectadas. Cada vez menos há os chamados "parlamentares de opinião" – aqueles que foram eleitos para defender um determinado setor da sociedade. A maioria se elege através dos lamentáveis desvios de nossa frágil democracia. A influência do poder econômico é enorme. Isso diminuiu depois que o Supremo Tribunal Federal (STF) proibiu o financiamento empresarial de campanhas, que vigorou no país durante anos e fazia com que fosse possível aos empresários praticamente comprar parlamentares e governantes. No entanto, os candidatos têm encontrado formas criativas de conseguir recursos oriundos indiretamente do poder econômico.

Na última década, esse enorme descolamento entre a política institucional e os posicionamentos da sociedade levou a uma clara consequência. No mundo todo, centenas de manifestantes, sobretudo jovens, saíram às ruas para protestar. No Egito, na Espanha, em Marrocos, na Grécia, na Índia e até nos Estados Unidos, cidadãos tomaram as ruas para exigir uma saída política que poucos sabem apontar qual é. Sem lideranças claras, auxiliados pelas redes sociais e com pautas variadas, fizeram ecoar um grito de protesto que deixou clara a indignação massiva das pessoas, em boa parte do mundo, com o quadro político local.

No Brasil, ocorreram as Jornadas de Junho de 2013. Repentinamente, protestos contra o aumento do preço da passagem em São Paulo em R$ 0,20 foram violentamente reprimidos pela Polícia Militar. Em seguida, manifestações foram brotando em todo país, cada vez mais expressivas. O Rio de Janeiro chegou a ter dois milhões de pessoas na rua em uma única manifestação. O Congresso Nacional quase foi invadido, e a chamada "classe política", temerosa do que poderia vir a acontecer no país, arriscou promover alguns avanços.

No entanto, ao fim das Jornadas de Junho, os setores mais conservadores talvez se tenham tornado hegemônicos, com pautas pouco progressistas. Houve ainda, nos anos seguintes, fortes manifestações contra o Partido dos Trabalhadores (PT), e outras a favor, com predomínio dos atos contrários. Instalava-se o debate sobre o *impeachment* da presidente. E após a consolidação de sua queda, houve inicialmente predomínio de manifestações contra seu antigo vice. No entanto, a análise desse fenômeno e das muitas variáveis envolvidas naquele processo é complexa demais para contribuir para o debate que aqui se pretende propor.

Democracia participativa

Está claro, com esses episódios, que a democracia que temos no Brasil e na maior parte desses países é um avanço, mas ainda está longe de ser capaz de empoderar as massas e garantir uma sociedade estável socioeconomicamente. Mas como relacionar as ideias de Gandhi sobre a política institucional e o cenário atual no mundo? O que se pode dizer, com algum nível de certeza, é que essa democracia precisa ser revista, e novos mecanismos de estímulo à participação devem ser adotados.

Estamos falando de democracia participativa. Essa talvez seja a grande reivindicação desses movimentos que surgiram no mundo, e está em perfeita sintonia com os ideais de política horizontalizada de Gandhi. É preciso que se estimulem ferramentas que promovam a participação popular de forma necessariamente direta, sem intermediários, na tomada de decisões políticas. Instrumentos como referendos e plebiscitos tornam-se uma necessidade, até porque têm capacidade pedagógica – na medida em que as pessoas são obrigadas a participar mais, também aprendem melhor a essência dos problemas, e saem das paredes limitadoras do senso comum.

Essa é a grande contribuição que Gandhi poderia dar. A certeza que ele tinha de que mecanismos de reformulação estrutural devem ser investigados e frequentemente testados, para ampliação de direitos. Mas Gandhi vai além. Na essência de sua doutrina está a descrença em uma visão estruturalista segundo a qual basta mudar os parâmetros estruturais para melhorar a sociedade. Gandhi sempre lembrava a necessidade de se melhorar os indivíduos para melhorar o mundo.

Não é à toa que um dos movimentos que mais cresceram após sua morte é o que propagava a chamada "Revolução Total". Basicamente, seus adeptos entendiam que não seria possível fazer uma revolução transformadora na sociedade sem que se fizesse, antes, uma revolução interna na índole das pessoas. Dessa forma, o militante deveria lutar, em primeiro lugar, pela sua transformação pessoal e de sua comunidade, para depois lutar pela transformação interna de seu adversário, e por consequência do mundo inteiro.

Então, outra contribuição da doutrina de Gandhi para se pensar o mundo atual, e o Brasil é essa necessidade de estarmos sempre preocupados com nossa própria transformação, em primeiro lugar. Não é à toa que Gandhi relacionava a luta pelos direitos sociais com a luta, também, pelos deveres sociais. Ele não considerava justo lutar somente pelos direitos dos trabalhadores – atrelava isso, constantemente, à necessidade que os trabalhadores também tinham de fazer aquilo que era seu dever, sua tarefa.

Novos partidos

As manifestações que aconteceram em diversos países chegaram a gerar a criação de partidos políticos em alguns deles. A Espanha viveu uma crise econômica muito séria, e foi palco de uma longa ocupação na Plaza de la Puerta del Sol, em Madri. Na política institucional, o resultado foi a criação do partido Podemos, em 2014. Meio ano após sua fundação, a agremiação elegeu cinco cadeiras no Parlamento, tendo cerca de 8% dos votos. Já é o partido mais acompanhado nas redes sociais. Tem perfil claramente progressista, e ajudou a eleger a atual prefeita da capital Madri.

Na Itália, o processo foi diferente. A desmoralização da política fez com que o humorista Beppe Grillo fosse bem-sucedido na criação do partido Movimiento 5 Estrellas (M5E) em 2009. A sigla não tem alinhamento ideológico claro, mas apenas um discurso de forte negação da forma como a política se move no país. Em 2013, foi o partido mais votado do país, o que levou muitos a afirmarem que a Itália havia se tornado "ingovernável". Consideradas as coligações de partidos, transformou-se na terceira força política do país.

A Grécia é outro exemplo de fortes reviravoltas recentes. O país foi cenário de uma crise econômica muito grave e de problemas socioeconômicos que pareciam insolúveis. As manifestações de rua foram violentas e constantes. Nas últimas eleições, o partido de esquerda Syriza venceu, e Alexis Tsipras tornou-se primeiro-ministro. No poder, o partido tem tido extrema dificuldade de romper a tendência à austeridade na economia, e sua atuação trouxe alguma decepção a parte de seus admiradores.

E mesmo no país de Gandhi, a Índia, há uma experiência muito interessante. Em 2011, o ativista Anna Hazare fez greve de fome contra a corrupção, e chegou a ser apontado como o "novo

Gandhi". Pessoas do país inteiro aderiram à bandeira, e as ruas foram tomadas por protestos contra a corrupção. O resultado foi a criação, no ano seguinte, do Aam Aadmi Party (AAP), que quer dizer "partido de gente comum". Hazare se opôs à criação do partido, mas foi voto vencido. De perfil progressista, o partido concentrou sua estratégia na capital Nova Délhi, e nas últimas eleições elegeu sessenta e sete das setenta cadeiras. Logo, hoje o partido administra Nova Délhi com folga.

No Brasil, o cenário é bastante confuso. A situação da política nacional é dramática, e a população está tomada por clima de forte desesperança em relação ao futuro do país. Há séria divisão na sociedade, a ponto de gerar uma turbulência política jamais vista, mas esses polos não parecem amplamente satisfeitos nem mesmo com os grupos políticos que escolhem para lhes representar. A única certeza sobre a política brasileira, nesse momento, é que ela precisa ser qualificada, com a adesão de novos atores. E, evidentemente, precisa de ampla reforma política que liberte executivos e legislativos do controle do poder econômico.

V

GANDHI
E O ATIVISMO SOCIAL

> *"Enquanto estivermos lutando,
> estaremos felizes. Lutando pela definição
> do indefinido, pela conquista do impossível,
> pelo limite do ilimitado, pela ilusão do viver,
> quando o impossível torna-se apenas um desafio.
> A satisfação está no esforço,
> e não na realização final."*
> (Mohandas K. Gandhi)

Em 1930, um homem de idade levemente avançada – 60 anos – decide sair caminhando pela Índia, apoiado em seu cajado, durante vinte e quatro dias. Seguido por alguns companheiros, ele caminha trezentos e noventa quilômetros até a costa de Dandi. Ao chegar ao destino final, acompanhado agora por milhares de pessoas que integraram a marcha durante o caminho, esse homem leva a mão ao chão e retira um punhado de sal. Era uma inesperada forma de protesto contra a Lei do Sal, imposta pela Grã-Bretanha, que lhe garantia o monopólio na exploração da *commodity* indiana.

Esse homem era Gandhi. No dia seguinte, o país inteiro aderiria à campanha, e começava a produzir sal, em desobediência à determinação inglesa. Dessa maneira, escolhendo uma lei sobre a qual ninguém havia estabelecido debate anteriormente, e criando uma forma de protesto única até então, Gandhi colocou o maior império da época contra a parede. Um ano depois, a Inglaterra se viu obrigada a sentar com ele para discutir a possível independência indiana. Naquele momento, o mundo inteiro se rendeu a Gandhi e a seu método de desobediência civil não violenta.

Passaram-se dezessete anos. Em 1947, ano em que a Índia se tornaria independente, hindus e muçulmanos se digladiavam nas ruas do país, que terminaria partido em dois: Índia e Paquistão. Impulsionados por uma insólita divisão territorial e por um ódio religioso artificialmente criado, os dois lados opostos protagonizaram o que seria a maior guerra civil da história indiana. Incomodado com esse cenário, Gandhi decidiu protestar do seu jeito. Declarou uma greve de fome até a morte, enquanto houvesse disputa entre hindus e muçulmanos. Após vinte e um dias em que Gandhi ficou sem comer, o país se acalmou por inteiro. Gandhi só lançou outro alimento à boca quando a Índia estava inteiramente pacificada.

Esses dois episódios, separados por quase duas décadas, talvez tenham sido, dentre tantas, as duas maiores ações desse homem notável. É preciso observar ambos com lentes de lupa para entender que guardam, em sua essência, uma forma nova de se entender a luta por justiça social. Quando propôs essas pautas e essas formas de se lutar por elas, Gandhi estava lançando holofotes sobre o modelo de sociedade solidária e amorosa em que acreditava e sobre os instrumentos não violentos disponíveis para se buscar a construção dela.

Antes de Gandhi, evidentemente, há inúmeros registros na história de atos de desobediência civil não violenta para se conquistar o que hoje chamamos de direitos humanos. Até mesmo Gandhi chegou a dizer que a trajetória da humanidade é a história da resistência não violenta a processos de exclusão. Mas, ao criar uma infinidade de maneiras de atuar – como as marchas e as greves de fome, nos exemplos citados –, Gandhi popularizou o ativismo social não violento de forma poucas vezes vista. E ele se espalhou pelo mundo, tendo o líder indiano como referência.

A luta pela igualdade racial nos Estados Unidos, que teve em Martin Luther King Junior sua maior referência, talvez tenha sido o ápice, no mundo, da incorporação das ideias de Gandhi em outro cenário cultural, histórico, simbólico e político. A segunda fase da luta contra o *apartheid* na África do Sul também é outro momento da história em que os mecanismos não violentos de ativismo foram utilizados de uma maneira interessante. Uma série de movimentos sociais e ONGs pelo mundo atuam de forma não violenta para avançar em suas pautas.

No Brasil, infelizmente, os movimentos sociais utilizam pouco o termo não violência, embora uma série de suas iniciativas possam ser classificadas como não violentas. Entre os militantes brasileiros, há uma tradição de formação de sua consciência política que costuma ser mais influenciada por outras correntes de pensamento desvinculadas da ideia de não violência.

Está claro, no entanto, que também no Brasil, as iniciativas que se proclamam não violentas têm maior capacidade de alcançar apoio popular. Nos últimos anos, o Rio de Janeiro foi palco de importantes lutas sociais, como a luta dos bombeiros por direitos da categoria, e dos garis por melhores salários. Nos dois casos, houve forte apoio da população. No episódio da luta dos bombeiros, houve uma ocupação de uma unidade em que eles foram acusados de usar da força, e se prontificaram a negar. Os dois processos mencionados têm suas contradições, mas ambos podem ser classificados como não violentos.

Black blocks

No caso das Jornadas de Junho de 2013, em que gigantescas manifestações de rua tomaram o país em defesa das mais diversas pautas – nem sempre progressistas –, a adesão social ao conceito de não violência também ficou clara. Isso porque na época surgiu no Brasil o movimento dos *black blocs*, criado na Alemanha. Vestidos de negro, eles atacam com violência os símbolos do capital – principalmente bancos. A maior parte dos outros movimentos sociais fez questão de se diferenciar, apontando a tática como equivocada – mesmo que muitos deles tenham considerado interessante não criminalizar a prática. No momento dos protestos, os *black blocs* foram radicalmente reprimidos pela polícia, que já vinha reprimindo as manifestações desde quando elas eram inteiramente pacíficas.

Ocorre que a repressão aos *black blocs* passou a ser desculpa para tudo. Na narrativa midiática, todos os protestos "começavam pacíficos e terminavam em vandalismo". A maior parte da população rapidamente deixou de apoiar as manifestações populares, assustada com as imagens de destruição que via repetidas na televisão. E o movimento das Jornadas de Junho se desfez. Esse modelo se repetiu nas manifestações dos anos seguintes.

Logo, é preciso muito malabarismo retórico para não reconhecer que foram os *black blocs*, e sua tática violenta e equivocada, que puseram fim às Jornadas de Junho. É a entrada deles em cena o elemento que disponibilizou à sociedade um argumento para ser contra as manifestações – mesmo que, por vezes, de forma hipócrita. E há de se reconhecer que a violência dos *black blocs* não era contra pessoas nem animais, mas apenas contra prédios e equipamentos públicos. Mas era violência, e ao se deparar com ela, a sociedade brasileira disse não.

Portanto, verifica-se no Brasil ampla aceitação de processos de luta por direitos com bases não violentas, e forte rejeição às técnicas violentas. Por que os ativistas sociais brasileiros estudam e promovem tão pouco esses instrumentos? Por que as ferramentas não violentas são tão pouco valorizadas em um país onde sua utilização, inclusive, rende mais resultados?

Desobediência civil

É preciso que se entenda que, por trás dessa forma de lutar por justiça social, existe um raciocínio amplo firmado em bases filosóficas e em uma visão de mundo específica. Gandhi acreditava que todos os homens nasciam iguais e com uma grande potência divina interna. Ele contestava a ideia de que algumas pessoas nascem boas e outras más. Todas as pessoas tinham a mesma propensão para prosperar do ponto de vista humano. Então, em suas palavras, "se um homem ganha espiritualmente, o mundo inteiro ganha com ele, e se um homem cai, o mundo inteiro cai na mesma proporção".

Dessa forma, segundo seu raciocínio, na luta social, ele não podia desistir de ninguém. Se ele tinha um adversário a quem derrotar, não podia agir como se essa pessoa ou grupo fosse mau. Tinha que agir para convencê-lo a superar a situação conflituosa, porque muitas vezes essa pessoa ou grupo estava partindo de premissas equivocadas. Por exemplo, quando lutava pela independência da Índia, sabia que para as autoridades britânicas a Índia era parte de seu império, e teria que se submeter às leis como qualquer porção do império (esta era a premissa errada, a ser combatida).

Quando lutava pelos direitos sociais dos intocáveis, que ele chamava de *harijans* (filhos de Deus), sabia que os que os condenavam à intocabilidade o faziam por questões religiosas, já que a tradição hindu supostamente prega que eles são uma raça inferior (esta era a premissa errada, a ser combatida). Quando lutou contra a opressão aos indianos na África do Sul, sabia que os brancos acreditavam pertencer a uma raça superior, premissa equivocada. Gandhi lutava contra a premissa, contra o conceito, contra os equívocos culturais. Não lutava contra as pessoas.

Por isso, não havia necessidade de violência. Se alguém tivesse que sofrer, esse alguém seria o próprio *satyagrahi*, ou seja, o próprio ativista social. Aliás, Gandhi acreditava que o sofrimento potencializava a luta e era necessário. Porque, obviamente, greves de fome e prisões não são prazerosas. Através do sacrifício pessoal, ficaria mais fácil não só atingir a transformação pessoal, que era a mais importante, como também ficaria mais fácil convencer o adversário de seu erro.

Uma história ilustra esse raciocínio com precisão. É interessante contá-la antes de voltar a analisar o caso brasileiro. Na África do Sul, o principal adversário de Gandhi era o general Smuts, que o prendeu quatro vezes na prisão mais cruel de Johannesburgo. Mesmo sofrendo muito em suas mãos, o indiano nunca falou do general com desrespeito. Como ele fazia suas próprias roupas, certa vez fez uma sandália e a presenteou ao general Smuts, que a aceitou. Mesmo com essa relação cordial, seguiram sendo adversários. Gandhi retornou para a Índia em 1915.

Em 1930, quinze anos depois, ele empreendeu a famosa Marcha do Sal. Já idoso, o general Smuts ouviu sobre ela no rádio, na África do Sul, e se emocionou. Enviou de volta para Gandhi a sandália que ganhara de presente, e que utilizava todos os dias em sua fazenda. Junto do calçado, enviou um bilhete: "Não sou digno de pisar em uma sandália feita pelas mãos de um homem tão grande". Naquele momento, Gandhi havia transformado seu adversário em amigo. Sua doutrina havia feito sentido. A sandália permanece exposta em um museu criado junto ao parlamento sul-africano, no mesmo lugar onde havia a prisão cruel para onde Smuts levou Gandhi quatro vezes.

Não violência tupiniquim

Há casos brasileiros que podem, facilmente, ser comparados ao modelo de luta social popularizado por Gandhi. Em 2005 e 2007, o Frei Luís Cappio ficou conhecido no país inteiro por fazer, na Bahia, duas greves de fome contra a transposição do Rio São Francisco e a favor de sua revitalização. O primeiro protesto durou nove dias, e foi interrompido quando o presidente Luiz Inácio Lula da Silva o convocou para negociar o projeto. O segundo protesto, em 2007, quando o governo federal resolveu iniciar as obras, durou um mês. Só foi interrompido quando o frei foi internado em estado grave.

Sua ação foi apoiada por personalidades como a atriz Letícia Sabatella, o teólogo Leonardo Boff, o geógrafo Aziz Ab'Sáber, o Nobel da Paz Adolfo Pérez Esquivel e a cantora Elba Ramalho. Cappio deu visibilidade para uma denúncia que movimentos sociais e entidades da sociedade civil já vinham tentando midiatizar. Em 1992, o frei já havia capitaneado uma marcha por toda a extensão do rio, conversando com as populações ribeirinhas sobre sua importância e a necessidade de preservá-lo. O governo alegava que o projeto de transposição visava irrigar o semiárido. Os movimentos sociais dizem que a demanda por água para uso humano é maior ao longo do curso do rio, e que a verdadeira intenção seria disponibilizar água para a agroindústria.

Outro episódio histórico brasileiro que pode ser equiparado ao uso das ferramentas não violentas de ativismo foi o Fora Collor. Em 1992, milhares de brasileiros, sobretudo jovens, foram às ruas para pedir o *impeachment* do presidente Fernando Collor de Melo. A causa eram os esquemas de corrupção vinculados a Paulo César Farias, tesoureiro de campanha de Collor, a inflação incontrolável e o congelamento das contas bancárias. A principal arma dos jovens era a tinta que usavam para pintar o rosto de verde e amarelo, as cores da bandeira brasileira. O Congresso terminou votando pelo afastamento do presidente que, meses depois, terminou renunciando.

A campanha pelas "Diretas" em 1984 foi semelhante. No ocaso da ditadura civil-militar, milhares de brasileiros tomaram as ruas para pedir o voto direto a presidente, proibido pelos governantes militares. O "Diretas Já" reuniu, no mesmo palanque, as principais figuras públicas da política brasileira, que nos anos seguintes presidiriam o país por partidos diferentes. Mesmo com a bonita mobilização, o Congresso vetou a iniciativa e a eleição seguinte se deu entre os parlamentares, elegendo o primeiro presidente civil em vinte e um anos.

Em 1988, é promulgada a nova Constituição, que garantia direito ao voto direto, e no ano seguinte os brasileiros puderam voltar a eleger seu presidente. O "Diretas Já" foi um processo de forte mobilização popular que não contou com violência nem mesmo por parte da ditadura que então geria o país, mostrando o quanto a resistência organizada faz os ocupantes do poder pensarem duas vezes antes de reagir.

Artivismo

Na história brasileira, encontraremos outros episódios de luta por justiça social que prescindem de violência física ou subjetiva. E não são apenas protestos, manifestações, marchas ou greves de fome. Há inúmeros instrumentos de ativismo, das formas mais criativas. Como o movimento Massa Crítica, que toma as ruas com bicicletas para reivindicar um trânsito com menos carros. De acordo com eles, mais ciclovias significam menos tráfego, menos poluição e mais saúde. Outro exemplo é o movimento contra a redução da maioridade penal, utilizando shows musicais e pipas de criança no céu para propagar sua mensagem.

Fala-se muito, atualmente, em "artivismo", que seria o ativismo com arte. Quando a sociedade brasileira percebeu que a realização da Copa do Mundo no país, em 2014, geraria sérios impactos negativos nos planos social, econômico e ambiental, ela foi às ruas protestar. Nesse momento, surgiram exemplos muito criativos de artivismo, como peças de teatro públicas, campeonatos de futebol entre os impactados e esquetes humorísticas próximas a estádios. Por parte das polícias dos governos estaduais, entretanto, houve forte repressão.

A influência de Gandhi na forma de lutar por justiça social e direitos humanos é tão grande, que a maioria dos ativistas sociais sequer sabe que está utilizando mecanismos propagados ou inspirados por ele. A contribuição dele para as lutas sociais é enorme, e esse talvez seja o principal elemento de sua personalidade. Pudera as lideranças sociais brasileiras estudarem mais o seu pensamento, e a lógica filosófica por trás de seu modelo de resistência. A não violência deve ser utilizada como ferramenta não somente porque funciona, mas também porque é a única forma de promover transformação real na humanidade, já que visa reformar aquele que a empreende, seu adversário e a sociedade como um todo.

VI

GANDHI
E A ECONOMIA

> *"A igualdade econômica é a chave mestre
> da independência não violenta.
> Trabalhar por ela significa abolir o eterno conflito
> entre capital e trabalho.
> Significa, por um lado, reduzir o nível de riqueza
> dos poucos em cujas mãos estão concentradas
> as fortunas da nação,
> e aumentar o patamar de riqueza
> dos milhões de famintos e nus.
> Um sistema não violento de governo é claramente
> impossível enquanto durar esse enorme abismo
> entre os ricos e os milhões de famintos."*
> (Mohandas K. Gandhi)

As ideias econômicas de Mahatma Gandhi têm sido deixadas à margem durante anos. Mesmo em seu país, onde essas ideias tiveram, evidentemente, maior projeção e debate, muitos as interpretam de forma negativa. Como se elas estivessem relacionadas a um tipo de vida ascético e de excessiva simplicidade que não valeria a pena ser vivido – é o que pensa boa parte dos indianos. No entanto, é preciso sobretudo focar os princípios defendidos por Gandhi. Nesse sentido, ele está cada dia mais atual, e a análise das ideias torna-se imprescindível para o Brasil e o mundo.

Ainda na primeira metade do século, Gandhi já condenava o consumismo exacerbado da humanidade, dizendo que se todo mundo vivesse como se vive no Ocidente, precisaríamos de três planetas. Hoje, infelizmente, quase todos os países adotaram o modo de vida do Ocidente que Gandhi costumava ironizar. Conforme comentamos anteriormente, de acordo com a Global Footprint Network (GFN), se cada pessoa vivesse como um cidadão dos Estados Unidos, precisaríamos de sete planetas. Se cada um tivesse o padrão de um brasileiro, seriam necessárias três "Terras".

Como temos apenas um planeta Terra, percebe-se por obviedade que esse padrão de vida que levamos não é sustentável – e Gandhi talvez tenha sido a primeira personalidade de maior projeção a alertar-nos sobre isso. Portanto, é necessário moldar um novo padrão de vida que não esteja sustentado no consumo incessante, na constante criação de necessidades. É preciso que se busque um padrão de vida simples para a humanidade como um todo – independentemente do fato de se considerar excessiva, ou não, a simplicidade em que vivia Gandhi e seus seguidores.

Autossuficiência

As formulações de Gandhi na área econômica são amplas e complexas, e não chegaram a ser absolutamente testadas na prática, em sua totalidade. Ele projetava uma economia em que as "vilas", pequenas comunidades majoritariamente rurais que compõem 70% da população indiana ainda hoje, tivessem alto nível de autossuficiência. A maioria dos produtos necessários à vida, que na concepção de Gandhi deveriam ser muito poucos, seriam produzidos localmente em pequena escala, de modo a não causar grande dependência de demandas externas. Apenas nos casos em que isso não fosse possível, os itens seriam produzidos fora dessas comunidades.

É muito difícil imaginar essa formulação adotada em países ocidentais como o Brasil. Sobretudo nas últimas duas décadas. Com a aceleração do processo de globalização, a interdependência econômica entre estados e países atingiu níveis estratosféricos. Cada produto vendido nas lojas carrega em seu histórico de produção itens vindos de distâncias inimagináveis. Muitas vezes, ao se comprar uma lanterna em um camelô, por exemplo, a pessoa não imagina que ela foi produzida na China e que cada peça chegou lá de outro país, que, por sua vez, comprou a matéria-prima de outro lugar. Assim acontece, hoje, com quase todos os produtos industrializados, na direção oposta à apontada por Gandhi.

Algumas perguntas tornam-se evidentes. Quanto se gasta de energia para transportar cada matéria-prima desses produtos? E cada peça? E cada produto final? Quanto se perde em transporte e em tempo? Certamente, o gasto é inimaginável. Outros questionamentos dizem respeito às questões trabalhistas. Como garantir direitos a trabalhadores, se sempre haverá um país que, por não respeitar esses direitos, consegue produzir a menor custo? Logo, como acabar com a exploração de um país pela mão de obra barata de outro? Como superar as barreiras de desigualdade social tão latentes no mundo?

Desindustrialização

Está claro que, da maneira como o mundo se organiza, haverá sempre desigualdade, pobreza e gasto excessivo de energia. Torna-se ainda mais necessário investigar as pistas de Gandhi. Talvez, a economia mundial deva dar passos no sentido de ser menos interdependente e as nações devam ganhar maior nível de autonomia produtiva.

No Brasil, percebe-se nas últimas duas décadas um processo forte de desindustrialização. Segundo a Federação das Indústrias do Estado de São Paulo (Fiesp), o Brasil está atingindo as mesmas percentagens de níveis industriais que tinha na década de

1950. Nos anos 1980 o peso da indústria de transformação no PIB era de 33% – hoje é de 16%, menos da metade. À medida que os produtos agrícolas brasileiros encontram forte aceitação em outros países e ajudam a segurar a balança comercial, seguidos governos privilegiam o setor.

O resultado é que o país vai se derretendo em termos de industrialização, voltando a ser o país agrícola que foi há mais de meio século. Monoculturas intermináveis de soja e milho tomam conta de boa parte do território nacional – causando danos ambientais seriíssimos. Esse produto viaja até Europa e China, principalmente, para alimentar animais ou ser processado. A influência política da bancada ruralista no Congresso evidentemente auxilia a fortalecer o agronegócio.

Por óbvio, há um forte elemento ideológico nesse debate. Os defensores do neoliberalismo consideram um avanço esse quadro de interconexão econômica e queda das barreiras de defesa de economias nacionais. Mas mesmo os setores progressistas da sociedade estão distantes do que propunha Gandhi. Sua concepção de sociedade na esfera econômica é tão distante do que se tornou o planeta, que fica difícil fazer projeções. Mas, como dito anteriormente, podemos ao menos nos sustentar em seus princípios.

Economia solidária

O raciocínio sobre economia solidária está mais próximo do que Gandhi projetava, conforme comentado em abordagens anteriores. Nesse caso, o trabalho está em se identificar vocações econômicas de pequenas comunidades e estimulá-las, reduzindo também a distância entre matéria-prima, confecção de produtos e consumidores finais. O Brasil avançou no que diz respeito à economia solidária. Em 2003, o país ganhou uma secretaria sobre o tema, presidida por uma liderança histórica nesse setor, Paul Singer, que faleceu em 2018.

O Brasil tem hoje cerca de 1,5 milhão de trabalhadores, em todos os estados, associados a cooperativas que praticam a economia solidária. Tramita no Congresso Nacional, desde 2012, um projeto de lei que cria o Sistema Nacional de Economia Solidária. Na França, há pouco tempo foi aprovada uma legislação semelhante. O então governo de François Hollande apostou em estimular a economia solidária, inclusive como forma de combater o desemprego. Nos últimos quinze anos, os empregos nessa área cresceram 24% naquele país, enquanto na indústria formal esse índice foi de apenas 4%. Isso não impediu que Hollande enfrentasse séria crise econômica e terminasse seu governo com ampla impopularidade, substituído por seu antigo ministro Emmanuel Macron.

O elemento ético

A economia solidária traz um elemento que Gandhi considerava imprescindível na economia: a ética. Para ele, esse valor deveria fazer parte de todas as esferas da vida, sobretudo a econômica. Ele não conseguia aceitar uma economia em que o objetivo fosse apenas a acumulação e o desejo de possuir mais do que o outro. Ele não aceitava o conceito de *homo-economicus* – a ideia de que carregamos dentro de nós o intuito de maximizar bens. Há de se lembrar que a doutrina de Gandhi é sustentada no *Sarvodaya*, o bem-estar de todos.

"A economia que despreza as considerações morais e sentimentais é semelhante às figuras de cera que, parecendo vivas, carecem da vida proporcionada pela carne. Em todos os momentos cruciais, estas novas leis econômicas caíram ao serem colocadas em prática. E as nações ou os indivíduos que as aceitarem como guia irão perecer", escreveu.

Consumo e comércio justo

Gandhi imaginava uma economia para além do dinheiro – algo estranho se comparado às visões hegemônicas de economia nos dias que vivemos. Sua concepção se assemelha ao debate contemporâneo a respeito do que se decidiu chamar "comércio justo". Essa definição surgiu da ideia de se criar uma espécie de movimento social propenso a buscar justiça no preço dos produtos, com cadeias produtivas equilibradas dos pontos de vista social e ambiental.

O movimento pelo "comércio justo" começou quase duas décadas após a morte de Gandhi, mas está em completa sintonia com suas ideias. Surgiu em 1967 na Holanda e se espalhou pela Europa. Pouco depois, era fundada a International Fair Trade Association (Associação Internacional de Comércio Justo), que abriga mais de sessenta países. De certa forma, funciona como uma parceria entre produtores e consumidores para garantir, ao máximo, as condições éticas do processo de produção e a sobrevivência digna dos trabalhadores envolvidos no processo.

Há muita polêmica nas ideias de Gandhi na área da Economia. Muitos as consideram uma "volta ao passado", no sentido de propor uma lógica cujos elementos já orientaram sociedades anteriores ao surgimento do capitalismo. Outros as consideram excessivamente ascéticas e radicais. As críticas têm lá sua razão de existir. Mesmo alguns seguidores do Mahatma reconhecem que, talvez, ele tenha ido longe demais nas formulações econômicas.

Entretanto, como se vê pela exposição anterior, se isolada a espinha dorsal do pensamento de Gandhi, percebemos que ela pode ser muito útil na tentativa urgente de superar os desafios do mundo contemporâneo. Quem olha com generosidade e sensibilidade histórica, consegue pescar pistas oferecidas por Gandhi de como construir um mundo de igualdade, justiça e amor. Se já está comprovado que vivemos um padrão de vida insustentável, e uma hora essa bomba vai explodir, temos a urgência de elaborar um caminho novo – e é para ele que as pistas de Gandhi apontam.

VII

GANDHI
E A EDUCAÇÃO

> *"Se nossa tarefa é ensinar paz de verdade neste mundo, e se queremos encampar uma verdadeira guerra contra a guerra, nós temos o dever de começar com as crianças".*
> (Mohandas K. Gandhi)

Quando tomou a iniciativa de lutar por outro modelo de educação, Gandhi disse que aquela tarefa tinha forte propensão a ser a última de sua vida. Dedicou-se com afinco a fundamentar as bases do que seria a escola de seus sonhos, que está conectada com sua forma de pensar o mundo. Os indianos viviam o ápice da luta pela independência, da qual ele era o principal líder. Corria a década de 1930, depois de ele ter realizado a Marcha do Sal e se mudado do *Sabarmati Ashram*, em Ahmedabad (para onde ele disse que só voltaria quando a Índia se tornasse independente).

Gandhi se baseou em experiências educacionais que havia feito desde os tempos de África do Sul, na Fazenda Tolstoi, comunidade alternativa que ele criou no país no início do século XX. Nos *ashrams* em que viveu, também desenvolveu suas ideias educacionais com as crianças da comunidade. Aquele era o momento, entretanto, de colocar os conceitos em prática. Pessoas próximas a ele começaram a desenvolver escolas baseadas em sua ideia comum. Nascia o movimento *Nai Talim*, que quer dizer Nova Educação em hindi. Escolas inspiradas no *Nai Talim*, como a Gram Dakshinamurti Ambala, fundada em 1938, existem até hoje. Em Gujarat, estado natal de Gandhi, existem mais de quinhentas escolas *Nai Talim*.

As ideias de Gandhi se sustentam em um tripé, os três agás do inglês: *heart* (coração), *head* (cabeça), e *hands* (mãos). Em síntese, a educação, para ele, deveria ter como objetivo promover valores humanos, transmitir conteúdos e educar para o trabalho em comunidade. Importante ressaltar que Gandhi acreditava que a transmissão de valores humanos, o empoderamento e a criação do senso de cidadania eram a dimensão mais importante de todas. Era uma forma de se contrapor às escolas conteudistas, que se preocupam meramente com resultados. Gandhi queria formar cidadãos conscientes da necessidade de transformar o mundo e a si mesmos.

Também queria promover, através da educação, a vida comunitária. Ele acreditava bastante na necessidade de as crianças aprenderem, desde cedo, a se entender como pertencentes a uma microssociedade local com a qual têm compromisso. Por isso, algumas das iniciativas educacionais foram criadas nas regiões rurais do país, conhecidas na Índia como "vilas", onde se abrigam cerca de 70% da gigantesca população indiana. Nelas, crianças e adolescentes comem e participam de atividades juntos, participam da limpeza, e com frequência dormem juntos em um dormitório, a partir de certa idade.

Nas escolas *Nai Talim*, os estudantes, a partir de certa idade, também trabalham durante um período. Geralmente, aprendem atividades que auxiliam a economia local – agricultura, marcenaria, carpintaria, confecção de doces etc. Na utopia de Gandhi, essas atividades poderiam gerar, inclusive, recursos que fariam das escolas um projeto autossustentável. Na prática, as escolas nunca conseguiram gerar recursos a ponto de pagar suas despesas, mas há projetos que geram o suficiente para cobrir 60% dos gastos.

Revolução brasileira

São muitos os princípios de Gandhi aplicados pelo movimento *Nai Talim*. Estudados a fundo, percebe-se perfeita sintonia com a concepção de mundo do líder indiano, especialmente nos planos social, político e econômico. É uma proposta educacional completamente distinta do modelo ocidental de educação, que infelizmente também é majoritário na Índia. A escola predominante no mundo é produtivista e conteudista, e obedece a um modelo completamente ultrapassado de educação. A maioria dos estudantes, no Brasil, na Índia e no mundo, acha a escola um lugar extremamente chato.

Entretanto, há no Brasil uma série de iniciativas libertárias ganhando terreno e avançando, em quantidade e qualidade. O país apresenta uma série de laboratórios na área educacional de intensa inovação. Evidentemente, não estou referindo-me à qualidade educacional do ponto de vista conservador, no qual se considera boa apenas a escola que permite ao aluno ser aprovado na universidade e seguir uma carreira tradicional de um suposto sucesso social e econômico. Estou me referindo a projetos educacionais libertários, onde a preocupação está em gerar cidadãos felizes, justos, honestos, bons, caridosos, amigos, humildes.

Falo da escola que se pretende o lugar mais prazeroso para seu aluno estar, de modo a fazê-lo feliz no momento presente – porque ainda grassa os que consideram que a escola deve apenas preparar futuro, esquecendo-se de simplesmente proporcionar felicidade no momento presente. Falo da escola onde não se estimula a competição entre os estudantes, eliminando o horizonte dos menos dotados de talentos; da escola onde o professor é um amigo, e não uma entidade autoritária; da escola onde não se foca apenas no racional, mas também no emocional, na formação do corpo e dos sentimentos.

Essas escolas desse tipo é que têm sido criadas e multiplicadas no Brasil, embora ainda existam em flagrante minoria – a massificação é o grande desafio. Elas assemelham-se às experiências das escolas indianas do *Nai Talim* em múltiplos aspectos. Ampliam-se, por exemplo, as escolas sustentadas na Pedagogia Waldorf, inspiradas nas ideias do pensador austríaco Rudolf Steiner. Nessas, as crianças têm amplo contato com a natureza, desenvolvem habilidades manuais, vivenciam experiências corporais com música e dança, e interagem entre si como uma microssociedade. Tudo isso também se vê nas escolas do *Nai Talim* e nos textos de Gandhi.

Tião e Zé

As experiências educacionais promovidas pelo educador mineiro Tião Rocha, no Vale do Jequitinhonha, também encontram inúmeros admiradores e seguidores. No modelo desenvolvido por Tião, há incontáveis elementos de conexão com Gandhi. Tião promove "aulas" em forma de caminhada pela comunidade dos alunos; vai às casas de idosos familiares de alunos para resgatar conhecimentos antigos; através de permacultura, planta produtos orgânicos para serem consumidos pelos próprios estudantes nas refeições; e realiza assembleias semanais de discussão dos problemas. Tudo isso se observa nas escolas do *Nai Talim*, em outro formato.

No entanto, há uma experiência que se aproxima ainda mais do que propunha Gandhi. São as chamadas "fabriquetas", que são espécies de incubadoras para ensinar profissões aos jovens. No Centro Popular de Cultura e Desenvolvimento (CPCD), a ONG criada por Tião, há fabriquetas de marcenaria, de carpintaria, de doces, de computação e até de cinema. Nelas, os jovens aprendem uma profissão, recebem uma renda, e podem montar seu próprio negócio. E os recursos ainda auxiliam no projeto como um todo. Exatamente como propunha Gandhi.

É importante mencionar, também, as experiências desenvolvidas pelo educador português José Pacheco. No Norte de seu país, ele foi protagonista de uma história muito bonita com a instituição pública Escola da Ponte, inteiramente transformada por ele e sua equipe. Pacheco simplesmente aboliu avaliações, divisão por série, divisão por idade e aulas, que lá não existem. Os estudantes aprendem por meio de projetos, organizam seus horários, não se agrupam de acordo com a idade, e são avaliados por um conjunto múltiplo de elementos. O resultado das experiências foi que a escola pública se tornou um lugar prazeroso para os estudantes, e passou a obter índices de qualidade maiores do que a média.

Alunos rejeitados em outras escolas passaram a ser aceitos, e tiveram sua vida transformada. As classes média e alta do país perceberam o ganho de qualidade, e passaram a procurar a Escola da Ponte. Há uma década, José Pacheco veio para o Brasil. A principal escola que acompanha no país é o Projeto Âncora, em Cotia (SP). Trata-se de uma escola totalmente diferente, em todos os aspectos, do que se acostumou a perceber como escola. Tanto que ele chama de "comunidade de aprendizagem", já que entende a educação como um trabalho de toda a comunidade, atuando em sintonia – esse conceito, em especial, não poderia ser mais próximo do que Gandhi formulava.

Outras iniciativas educacionais têm surgido no país muito rapidamente. Claro que todas elas encontram seus críticos, inclusive o Projeto Âncora e o CPCD. Mas, independentemente das contradições, fica claro que outra forma de abordar a educação está em gestação no Brasil. Poderíamos citar muitos outros exemplos, como a Monte Azul, a Politeia e a Amorim Lima em São Paulo, ou o Tear e o Nave no Rio de Janeiro. Ou as escolas vivas, as escolas montessorianas, as escolas democráticas. E até na chamada desescolarização, que cresce no mundo e no Brasil, há elementos próximos ao que propunha Gandhi.

Lógica fordista

Se formos às ruas do Brasil, ou de qualquer outro país, e dissermos que "o nosso problema é educação", certamente todas as pessoas haverão de concordar. Possivelmente vão dizer que precisamos "investir em educação". É uma certeza fincada como uma espada no senso comum. Pessoas de todas as classes sociais e correntes ideológicas acreditam nisso. Mas tem algo que poucos são capazes de observar. Mesmo com discurso semelhante, essas várias pessoas não estão falando da mesma coisa. É importante entender isso para compreender o que Gandhi e outros pensadores da educação estão propondo.

No senso comum, as pessoas querem que o país se desenvolva. Para isso, querem trabalhadores com qualificação profissional elevada, para que possamos alavancar nossa indústria, nossa agricultura, nossos serviços. Para tanto, a maioria das pessoas entende que "investir em educação" é uma escola que ensina o conteúdo padrão de forma intensa, que é rigorosa nas avaliações, e que aprova muita gente na universidade. Essa escola seria capaz de formar estudantes com conhecimento amplo dos temas obrigatórios. Pois bem, não é exatamente disso que falava Gandhi. Nem Steiner, nem Paulo Freire, nem Montessori, nem Tolstoi, nem Pestalozzi, nem a maioria dos intelectuais da educação.

Essa é a concepção conservadora que concebe a escola sob a lógica fabril. Nessa escola, se entendida de forma estereotipada, não há preocupação com a formação de valores éticos, com o desenvolvimento das habilidades motoras, com a relação amorosa com amigos, animais e plantas. Nessa escola, os estudantes competem entre si – alguns são vencedores, e outros perdedores. Nessa escola, valoriza-se o futuro profissional e se esquece do presente emocional da criança, que não se sente feliz lá e não gosta de ir para as aulas. Por que diabos as famílias acham que o futuro é mais importante do que o presente?

Nesses novos modelos de escola que nascem, lentamente, no Brasil e no mundo, também se quer "investir em educação". Mas de outra forma. Não se despreza a necessidade de disseminar conteúdo e de proporcionar conhecimento ao estudante que sonha em fazer uma faculdade. Mas esse não é visto como caminho único de uma pessoa, ou como alternativa única de sucesso. É apenas uma das possibilidades. Nessa escola, é importante empoderar, estimular senso de ética e justiça, fazer de seu ambiente um lugar prazeroso, despertar paixão pelo conhecimento, educar para a democracia, desenvolver o corpo e o espírito, entre outros elementos. Nesse modelo outro de escola, Gandhi está mais presente do que nunca.

Pedagogia do oprimido

Quando se fala em educação, o intelectual Paulo Freire é a referência brasileira mais conhecida no mundo. É um parâmetro para muitos professores nos cinco continentes – muito mais do que os brasileiros imaginam. Não por acaso, nas escolas do *Nai Talim*, Paulo Freire também é bastante conhecido. Não consideramos coincidência que Tridip Suhrud, atual diretor do *Sabarmati Ashram* em Ahmedabad, onde Gandhi viveu quinze anos, seja o homem que traduziu Freire para o Gujarat, idioma natal de Gandhi. Em 2015, quando visitei inúmeros estados, conhecendo escolas gandhianas, um indiano me perguntou: "Você é do país de Paulo Freire! Por que veio aqui para ver experiências de educação?".

O conceito que mais claramente está presente, tanto em Freire quanto em Gandhi, é aquele segundo o qual se deve utilizar a cultura e as práticas locais para se ensinar. "Não basta saber ler que 'Eva viu a uva'. É preciso compreender qual a posição que Eva ocupa no seu contexto social, quem trabalha para produzir a uva e quem lucra com esse trabalho", escreveu Freire. Da mesma forma, nas escolas do *Nai Talim*, os professores utilizam expressões e exemplos relacionados à cultura local, muito vasta e rica no país de Gandhi.

Gandhi também acreditava no *learning by doing* (aprender fazendo). Como Freire, para ele o aprendizado era muito mais amplo se o estudante colocasse a mão na massa, vivendo a experiência. Ouvir um professor falar e anotar conceitos no quadro marca menos uma pessoa do que viver a experiência na vida real. As ideias de Gandhi na área educacional são muito interessantes, e têm sido experimentadas há mais de oito décadas. Impressiona como o Brasil e o mundo, que tanto o reverenciam, conhecem muito pouco sobre esses conceitos e projetos.

VIII

GANDHI
E O RACISMO

*"Não quero ver meu lar emparedado,
nem minhas janelas calafetadas.
Quero sentir as culturas de todas as terras
circulando nele em máxima liberdade.
Repugna-me, porém, que o sopro de algumas delas
me desloque das raízes.
Minha religião não é o credo da clausura.
Comporta em seu seio a mais humilde
das criaturas de Deus.
Mas é impermeável a toda a arrogância
e a todo o preconceito, seja ele de raça,
religião ou cor."*
(Mohandas K. Gandhi)

Até pouco tempo, era comum ouvir no Brasil que, neste país, não havia racismo. Em geral, utilizava-se como prova a comparação com a realidade dos Estados Unidos. De fato, na América do Norte, não se percebe o mesmo grau de miscigenação da sociedade brasileira. E é realidade que o preconceito é mais claro entre nossos irmãos norte-americanos – basta lembrar que, não faz muito tempo, em alguns estados daquele país, negros eram proibidos de frequentar certos espaços e de ter alguns direitos. Entretanto, é preciso ser muito cego para realmente acreditar que não há racismo no Brasil. O preconceito não só existe como é um problema grave.

Não faz muito tempo, em uma concessionária da BMW na Barra da Tijuca, no Rio de Janeiro, um casal foi comprar um carro com seu filho adotivo negro de 7 anos. Enquanto os pais viam os carros, o menino ficou assistindo à televisão na recepção. Quando o menino decidiu procurar os pais, o gerente da loja se dirigiu com agressividade ao menino. "Aqui não é lugar para você. Saia da loja", disse. Indignados, os pais decidiram criar uma página no Facebook para denunciar o problema.

O caso de Aranha, goleiro negro, então jogador do Santos, também ganhou enorme repercussão. Em jogo de futebol pela Copa do Brasil contra o Grêmio, em Porto Alegre (RS), o jogador foi violentamente ofendido pela torcida do time rival, que o chamava de macaco. As câmeras da TV puderam identificar, especificamente, a torcedora Patrícia Moreira da Silva pronunciando a palavra. Embora não ocorra com a frequência que acontece na Europa, casos de racismo no futebol brasileiro não são raros.

Em 2015, um menino de 8 anos foi expulso da calçada de uma loja da grife Animale, em São Paulo, por uma funcionária. Chamada a retratar-se, a loja criminalizou a funcionária. Essas são, no entanto, apenas expressões mais radicais do tipo de racismo "diferenciado" que acontece no Brasil. No país, as práticas racistas frequentemente recebem um verniz de uma falsa tolerância. Por ser um racismo "brando", é frequentemente omitido, tornando-se talvez ainda mais cruel.

Gandhi foi vítima direta do racismo. Assim que se formou em Direito na Inglaterra, não teve grande sucesso profissional em seu país natal, a Índia. Conseguiu um emprego na África do Sul, para onde foi. Pouco depois, no dia 7 de junho de 1893, foi vítima de um episódio que se tornaria famoso em sua biografia. Gandhi toma um trem de Durban para Pretória. Como advogado, recebera de sua empresa uma passagem de primeira classe. Durante a viagem, próximo à cidade de Pietermaritzburg, um homem branco entra em sua cabine. Ao ver Gandhi, ele se recusa a viajar na companhia de um homem de cor.

Gandhi se nega a mudar de cabine, já que tinha a passagem de primeira classe. Então, os funcionários da companhia de trem o lançam para fora do vagão, com violência, na estação de Pietermaritzburg. Ele diria, no futuro, que esse foi o episódio que o despertou para as injustiças sociais e a necessidade de enfrentá-las. Ou seja, Gandhi despertou para a necessidade de se dedicar à luta social ao sofrer, na própria pele, uma experiência de racismo.

Sistema de castas

Dois dias depois, ele seria novamente vítima de racismo ao viajar em uma diligência. Um homem branco queria fazê-lo trocar de lugar, e foi preciso que outros passageiros interviessem. A principal luta de Gandhi na África do Sul seria contra o racismo sofrido pelos indianos, expresso principalmente em um passe que eram obrigados a carregar consigo. É preciso reconhecer, no entanto, que Gandhi também tinha, nessa época, uma postura levemente racista contra os negros sul-africanos. Há textos de Gandhi desse período que nos levam a desconfiar que ele considerava os negros preguiçosos e sujos. No entanto, ele muda completamente de postura ao longo da vida, como se verá mais à frente.

Anos depois, na Índia, pode-se dizer que sua luta contra o preconceito sofrido pelos párias (também chamados *dálits* ou intocáveis) também é uma ação contra o racismo. No sistema de castas indiano, estes são considerados sem casta. Muitas pessoas acreditavam – e algumas ainda hoje acreditam – que até mesmo o contato com a sombra dessas pessoas poderia tornar impura uma pessoa. A luta por seus direitos se tornou uma obsessão para Gandhi. Ao aceitar um casal de intocáveis em seu *ashram*, ele perdia apoio financeiro de parceiros – e não se preocupava com isso. Até uma parente próxima disse que não se sentia à vontade para comer na mesma mesa que um intocável – ao ouvir isso, Gandhi sugeriu que se retirasse, porque ainda não estaria preparada para viver no local.

Em Nova Délhi, ele construiu uma comunidade inteira para os intocáveis. Chamava-se *Harijan Sewak Sangh* (Gandhi chamava os intocáveis de *Harijan*, que significa filho de Deus). Funciona, ainda hoje, como uma microssociedade completa, com escola e sistema de saúde *ayurveda*. Por conta, sobretudo, dessa feroz militância de Gandhi, a constituição indiana aprovada logo após a independência é extremamente severa na garantia dos direitos dos intocáveis e no combate ao preconceito.

Uma lição principal podemos aprender com o ativismo de Gandhi: em nenhum desses momentos, ele era agressivo com seus adversários, nem retribuía com violência – mas era implacável ao não ceder a injustiças. No trem ou na diligência, foi educado e não agrediu os homens brancos que se insurgiram contra ele – mas também não saiu do lugar. Na Índia, na luta pelos direitos dos intocáveis, chegava a respeitar o sistema de castas criado no contexto da religião hindu. Mas denunciava a distorção representada pelo preconceito contra os párias. E dava seu próprio exemplo. Tornou-se célebre seu hábito de limpar a latrina dos intocáveis, ato considerado humilhante no contexto da cultura local.

Não violência nos EUA

O mais famoso seguidor das ideias de Gandhi seria um homem notável a lutar contra o racismo de uma forma tão nobre como poucas vezes se viu. Nos Estados Unidos, o pastor batista Martin Luther King Jr. se notabilizou ao utilizar as técnicas não violentas na luta contra o preconceito no sul do país. Por isso, ganhou o Prêmio Nobel da Paz em 1964, entre outros títulos de reconhecimento.

Interessante é que Gandhi profetizou o surgimento desse movimento. Em 1936, em diálogo com o líder negro norte-americano Howard Thurman, ele disse: "Pode ser que, através dos negros, a mensagem não adulterada da não violência seja entregue ao mundo". Dezenove anos depois da "profecia", oito após a morte do líder, surge para a humanidade a figura imponente e ilibada de Luther King. Esse posicionamento confirma que, se Gandhi aparentemente tivera na juventude certo preconceito contra negros, amadurecera a tal ponto de se tornar um convencido combatente de toda forma de racismo.

A história de Luther King é forte, mas bela. Em 1º de dezembro de 1955, no Alabama, a costureira negra Rosa Parks foi convidada a ceder seu lugar a um homem branco em um ônibus. Cansada após um dia inteiro de trabalho, ela se recusou. Era o início do movimento pelos direitos civis nos Estados Unidos. Liderado por Luther King, o movimento aplicou um boicote por mais de um ano na indústria de ônibus da cidade de Montgomery. Nesse período, os negros sofreram brutal violência, física e simbólica, mas jamais revidaram.

Luther King se tornaria referência internacional, dando visibilidade à luta contra o racismo no país mais rico do mundo. Em agosto de 1963, Luther King organiza a Marcha pelos Direitos Civis, que vai até Washington reivindicar os direitos da imensa comunidade negra norte-americana. Conhecido como "Eu tenho um sonho", seu discurso no Memorial Lincoln se tornou célebre como um dos mais belos pronunciamentos da história. "Eu tenho um sonho. O sonho de ver meus filhos julgados não pela cor de sua pele, mas pelo conteúdo de seu caráter", disse ele na ocasião.

Racismo à brasileira

No Brasil, jamais um negro seria convidado pelo motorista a levantar-se para dar lugar a um branco. Jamais houve uma organização de exterminação dos negros, como a norte-americana Klu Klux Klan (KKK). É raríssimo ver alguém defender, publicamente, o afastamento de alguém de uma prática ou de uma função por essa pessoa ser negra. Esse é o cenário que leva alguns a acreditarem que não há racismo no país. Entretanto, é justamente por conta desse cenário que o racismo se torna ainda mais perigoso – porque ele é maquiado, involuntário ou hipócrita.

Há os que não admitem publicamente seu racismo, mas o praticam. E há ainda os que se indignam com notícias sobre racismo, acreditando ser contra a prática, mal percebendo que eventualmente agem com racismo. O fato de ser subjetivo torna o racismo, no Brasil, um elemento de opressão difícil de ser identificado e enfrentado. Os dados comprovam como a desigualdade latente na sociedade brasileira – o país é o oitavo mais desigual do mundo, segundo as Nações Unidas – está diretamente associada a questões étnicas.

Segundo informações do governo federal, de cada dez famílias que recebem recursos do programa de transferência de renda Bolsa Família, sete são chefiadas por negros. Como se sabe, o benefício só é concedido a famílias em situação de extrema pobreza. Segundo o Departamento Intersindical de Estatística e Estudos Socioeconômicos (Dieese), o salário de um negro é, em média, 36,11% menor do que o de um não negro no Brasil. Em São Paulo, apenas 5,7% dos negros chegam a cargos de direção e planejamento. Para os não negros, esse índice é mais de três vezes maior – 18,1%.

O acesso à educação também é uma chaga para os negros. A taxa de analfabetismo é duas vezes maior entre eles – 11,5% contra 5,2% dos não negros. Segundo dados de 2013, os brancos têm uma média de 8,8 anos de estudo, enquanto os negros atingem apenas 7,2 anos. A consequência fica clara no mercado de trabalho: o índice de desemprego é 24% maior entre os negros do que entre os não negros. Segundo dados de 2017, divulgados pelo Instituto Brasileiro de Geografia e Estatística (IBGE), dos treze milhões de desempregados no país, 8,3 milhões (63,7%) eram pretos ou pardos. A taxa de desemprego entre eles foi de

14,6%, enquanto a dos brancos chegou a 9,9%. Entre trabalhadores domésticos, esse índice é de 66% de pretos e pardos, e entre ambulantes, 67%.

Vítimas da sociedade

Até aí, poderíamos interpretar esses dados segundo um vício argumentativo comum no Brasil. Poderíamos dizer que isso é consequência da maneira torpe como a escravidão foi abolida em 1888. De fato, quando a princesa Isabel assinou a Lei Áurea, tornando livres os negros, até então submetidos à escravidão, não houve qualquer política pública para integrá-los à economia e à sociedade. Ficaram à margem, sem alternativa. Embora essa argumentação seja válida, não justifica isoladamente o que ocorre hoje no Brasil. Vejamos mais alguns dados que demonstram o quanto o debate sobre o racismo é mais complexo.

No Brasil, a cada três assassinatos, dois têm como vítima os negros, segundo o Instituto de Pesquisa Econômica Aplicada (Ipea). A chance de um adolescente ser assassinado será 3,7 vezes maior se ele for negro, segundo os dados de homicídio no país. Mesmo em grupos de escolaridade e características socioeconômicas semelhantes, a chance de o negro ser assassinado é maior. Enquanto a taxa de homicídios de negros é de 36,5 por cem mil habitantes, entre os brancos é de 15,5 por cem mil. Um negro perde vinte meses e meio de expectativa de vida ao nascer, enquanto para o branco, são oito meses e meio.

No sistema prisional, os dados são igualmente chocantes. Para começar, o Brasil tem a terceira maior população carcerária do mundo, com 726,7 mil presos. Aumentou em mais de cem mil em apenas três anos. Está atrás apenas de Estados Unidos e China, que têm índice populacional muito maior. No Brasil, a quantidade de pessoas encarceradas cresceu 74% de 2005 a 2012, de acordo com o Programa das Nações Unidas para o Desenvolvimento (Pnud). A projeção, portanto, é que o número de presos dobre em uma década.

Pois bem, nesse cenário medieval e bárbaro, em que as imagens chocam ainda mais do que os números, os negros são a vítima preferencial. Eles foram presos 1,5 vezes mais do que os brancos, e a proporção de negros no sistema prisional, que já era enorme, aumentou mais ainda. As chances de o negro ser assassinado dentro da cadeia também são maiores do que as do não negro. Dos brasileiros presos, 64% são negros.

Igualdade étnica

Com esse cenário de evidente desigualdade e racismo estrutural, a pergunta que emerge é uma só. O que podemos fazer? A questão dos intocáveis na Índia de Gandhi e a questão negra nos Estados Unidos de Luther King apresentam um nível de violência mais claros. E embora a opressão seja agressiva, o movimento de resistência surge quase naturalmente. Mas no Brasil, com seu racismo maquiado e hipócrita, organizar a resistência não é tarefa fácil.

Um dos caminhos talvez seja ter clareza do problema. Os dados aqui apresentados são inequívocos. O racismo existe, e é grave. Outra estratégia seria fortalecer o ensino público. Quando houver no Brasil uma escola pública de qualidade, crescerão as possibilidades de superação de gargalos socioeconômicos dos mais pobres – e consequentemente dos negros. Nesse sentido, o país tem adotado uma estratégia polêmica nos últimos anos.

Em muitas universidades públicas, adotou-se o sistema de cotas para negros. A Universidade Estadual do Rio de Janeiro (UERJ) foi pioneira, utilizando cotas desde 2003. Atualmente, 45% das vagas são destinadas para cotistas – 20% deles sendo negros e indígenas. Há argumentos a favor e contra a medida. Por um lado, ela democratizou o ensino, garantindo oportunidade de estudo a egressos do ensino público, oferecendo a eles oportunidade de ascensão social. E ao contrário do que se imagina, os cotistas apresentam desempenho igual ou superior aos não cotistas durante a faculdade. Sim, você não leu errado:

os estudantes oriundos do sistema de cotas têm média de desempenho igual ou superior aos outros. Estudo de dezembro de 2017, realizado pela *Folha de S. Paulo*, confirma isso em todas as áreas, exceto ciências exatas.

Por outro lado, aponta-se o risco de o sistema solidificar categorizações e agrupamentos étnicos. O Brasil sempre foi um país miscigenado. A cor da pele raramente é nitidamente branca ou negra – somos uma mistura de tudo. Não seria interessante categorizar e estimular rejeições. Em algumas dessas universidades, os cotistas sofrem claro preconceito, como se fossem um grupo inferior – mesmo com o bom desempenho que têm demonstrado. Portanto, alguns intelectuais defendem que a cota social talvez seja mais efetiva do que a cota racial, até porque seria capaz também de incluir os negros na universidade. O debate é interessante, mesmo que polêmico.

É curioso notar que uma das maiores chagas da história humana, que é o racismo, termina por revelar figuras humanas sublimes, de um desenvolvimento ético e utópico imenso. Não foram apenas Gandhi e Luther King que se destacaram no século XX, mas também a figura admirável de Nelson Mandela na África do Sul, entre outros tantos. A biografia desses líderes reforça ainda mais uma certeza: onde há opressão, há resistência em igual proporção. Entristece perceber que o racismo está longe de ser erradicado do mundo, mas é um imenso conforto visualizar a dimensão das pessoas a nos inspirar. Enquanto houver racismo, teremos mais Mandelas, teremos outros Luther Kings, teremos muitos Gandhis.

IX

GANDHI
E O FEMINISMO

> *"Eu acredito que as mulheres não vão dar
> sua contribuição ao mundo imitando
> ou apostando corrida com o homem.
> Elas podem ganhar a corrida,
> mas não serão elevadas às grandes alturas
> que são capazes de chegar
> se apenas imitarem os homens".*
> (Mohandas K. Gandhi)

Kasturba Gandhi foi uma das personagens mais fortes da história indiana. Tinha muita personalidade, caráter fora do comum, e grande capacidade de resistência à opressão. Por isso, seu marido dizia que ela foi sua primeira professora de não violência. O Mahatma e Kasturba se casaram aos 13 anos por decisão de seus pais, e o casamento infantil se tornaria uma das maiores manchas da Índia contra a qual eles lutaram. Entretanto, ele a amou como poucas pessoas em sua vida. E o expressou em inúmeras cartas e discursos públicos.

Kasturba faleceu no dia 22 de fevereiro de 1944. A partir desse dia, Gandhi jejuava e entoava todos os versos da *Bhagavad Gita*, sagrada escritura hindu, a cada dia 22, de todos os meses.

Fez isso até sua morte, quatro anos depois. Mais do que sua esposa, considerava Kasturba sua grande amiga, e de alguma forma também uma das grandes lideranças do movimento pela independência da Índia.

Gandhi teve uma relação muito particular com as mulheres – e, é importante que se diga, nem sempre elogiável, como veremos mais à frente. Desde 1906, adotava o *Brahmacharya*, conceito amplo do hinduísmo que incluía o voto do celibato. Mas, além de Kasturba, muitas mulheres foram bastante íntimas do Mahatma. Entre elas, Mirabehn, que viveu com eles nos *ashrams*, e Manu Gandhi, sobrinha dele, que considerava uma de suas "bengalas caminhantes", por caminhar apoiado em seu ombro, e que alguns biógrafos o acusam de ter dormido com ela para que testasse a rigidez de seu celibato. Há, ainda, Sarladevi Chowdharani, a quem ele teria considerado sua "esposa espiritual".

Há muita polêmica no terreno da relação de Gandhi com sexualidade. Suas ideias a esse respeito são recebidas de forma diferente por pesquisadores distintos. Na defesa dos direitos de igualdade de gênero, porém, após seu retorno à Índia, Gandhi tomou posições muito à frente de seu tempo. Se a Índia de hoje é um país de altíssimo risco para uma mulher viver, segundo a OECD Development Center, e também o pior país do mundo para uma mulher visitar, segundo o International Women's Travel Center (IWTC), pode-se imaginar o que era no início do século passado.

No entanto, Gandhi já estabelecera, na época, a luta pelos direitos das mulheres como uma de suas principais bandeiras. Nos *ashrams* onde viveu, elas tinham absolutamente os mesmos direitos e deveres do que os homens. Gandhi combatia qualquer forma de diferenciação entre os dois gêneros. A maior organização feminista da Índia, a Self Employed Women's Association (Sewa), surgiu em Ahmedabad, cidade onde Gandhi viveu, fundada por seguidoras dele. Lembro de ter visitado rapidamente um grande banco da Sewa inteiramente gerido por mulheres, de empréstimo a baixos juros para mulheres camponesas.

A luta de Gandhi e dos adeptos de suas ideias era, basicamente, por direitos iguais. Na pauta, o combate à violência contra a mulher (a Índia se notabilizou pelo número impressionante de ocorrências de estupro, alguns em condições de notória barbárie), a luta por igualdade no pagamento dos salários, a reivindicação de representatividade equitativa no parlamento, entre outras demandas.

É importante reconhecer, no entanto, que durante a juventude, Gandhi teve atitudes notoriamente machistas, especialmente se comparadas ao debate contemporâneo. Ele mesmo narra o ciúme que tinha da esposa, a ponto de não deixar que ela saísse sem sua autorização – ordem que ela frequentemente violava. Há outras passagens em sua vida que reforçam essa ideia. Até mesmo quando decidiu por ser celibatário, não consultou sua esposa, que foi obrigada a se tornar celibatária também. É preciso ter consciência de que Gandhi foi um homem de seu tempo – mesmo com algumas posições e iniciativas de vanguarda, bastante louváveis, era dotado de valores de sua época.

Violência doméstica

Miremos no Brasil. Engana-se quem pensa que o cenário de machismo é absolutamente diferente no país neste século XXI. A maioria dessas lutas – ocorrência de estupros, desigualdade salarial, representatividade política etc. – é absolutamente atual por aqui. Comecemos pela violência contra a mulher, chaga histórica da sociedade brasileira. Nesse campo, tivemos um grande avanço com a aprovação da Lei Maria da Penha em 2006 (Lei 11.340-06), que criou mecanismos de punição a casos de agressão contra a mulher.

Mesmo assim, os casos de violência doméstica contra a mulher continuam alarmantes no Brasil. Nada menos do que três em cada cinco mulheres alegam já ter sofrido violência em relacionamentos, segundo pesquisa do Instituto Avon. Impressionantes 56% dos homens admitem já ter violentado, de alguma maneira, suas companheiras, de acordo com o estudo "Percepções do homem sobre a violência contra a mulher", do mesmo instituto. Feministas costumam alertar para o fato agravador de que, nem sempre, dados de violência são denunciados pelas mulheres, por medo, ou admitidos pelos homens, por covardia.

Ainda, segundo dados da Pesquisa Nacional por Amostra de Domicílios (PNAD-IBGE), 48% das mulheres agredidas declaram que a violência aconteceu dentro de sua própria casa – no caso de homens agredidos, o percentual é de apenas 14%. E de acordo com a Secretaria Nacional de Políticas para as Mulheres, dentre aquelas vítimas de violência, 77% sofrem agressão diária ou semanalmente. Em mais de 80% dos casos, o abuso é cometido por homens com quem a vítima tem alguma espécie de relacionamento.

São apenas alguns dos dados que revelam o quanto as bandeiras levantadas por Gandhi há um século seriam oportunas no Brasil. O movimento feminista brasileiro terá muito trabalho no campo da violência doméstica. A despeito de um reconhecido avanço com a Lei Maria da Penha, resta garantir seu cumprimento e lutar para uma transformação cultural da nação brasileira. Porque a agressão contra a mulher está entranhada em nossa sociedade como um carrapato.

No que diz respeito ao estupro, isso fica ainda mais claro – tanto no país de Gandhi quanto no Brasil. Em ambos, ainda está incutida na sociedade a ideia de que uma mulher vestida de forma "vulgarizada" merece ser abusada ou estuprada. Na Índia, houve um bárbaro incidente em 2012, em que uma mulher, vindo do cinema com o namorado, foi abusada por todos os viajantes de um ônibus, incluindo o motorista. Na época, houve gigantescas manifestações no país, e uma série de novos casos vieram a público, inclusive envolvendo integrantes do governo federal. O lado positivo é que o país debateu de forma séria o estupro, e o número de denúncias aumentou, porque as mulheres tiveram mais coragem de denunciar.

No Brasil, o cenário não é muito menos grave. Segundo dados do 8º Anuário Brasileiro de Segurança Pública, ocorreram no país, no ano de 2013, 50.320 casos documentados de estupro. Isso significa nada menos do que um abuso a cada dez minutos. O estudo apresenta um dado que agrava ainda mais esse levantamento. Segundo ele, apenas 35% das vítimas costumam relatar o episódio às polícias, segundo pesquisas internacionais. O número real seria, portanto, de 144 mil vítimas de estupro no país – uma ocorrência a cada três minutos. Roraima, Mato Grosso do Sul e Rondônia são os estados onde a situação é mais grave.

Publicidade machista

Como dito anteriormente, é preciso haver uma mudança cultural expressiva na sociedade, no sentido de se combater o machismo dentro das pessoas. Para isso, os veículos de mídia são aliados imprescindíveis. Nem todos os comunicadores têm essa consciência, no entanto, no Brasil. São fartos os programas de TV e a publicidade veiculada que exploram o corpo da mulher e os estereótipos sobre o feminino. Propaganda de detergentes, sabão em pó e artigos do gênero ainda são, em geral, direcionados para as mulheres, como se a cozinha ainda fosse seu lugar de referência.

São fartas, no país, as propagandas de cerveja que utilizam mulheres seminuas na praia. Parece que as marcas, todas elas, querem constantemente associar "objetos" de consumo predileto do homem – a cerveja, a praia e a mulher. A violência simbólica de gênero não para por aí. Não faz muito tempo, uma marca de cerveja causou revolta ao publicizar, nas ruas, uma propaganda para o Carnaval utilizando a frase "esqueci o 'não' em casa". Era uma referência à necessidade de a mulher ceder aos avanços (frequentemente violentos) do homem no Carnaval. A repulsa nas redes sociais foi tão forte que a marca retirou imediatamente a propaganda das ruas.

Os programas de TV não são menos despreocupados com o combate ao machismo no Brasil. Em busca de audiência fácil, frequentemente recorrem à exibição de mulheres seminuas, ou a esquetes humorísticas que exploram o feminino com preconceito. Na década de 1990, o país chegou ao nível mais baixo de exploração negativa da imagem da mulher. A programação das tardes de domingo, especialmente, levava à televisão brasileira a sensualização massiva, com a exibição de corpos femininos esculturais em cada bloco.

Pagamento desigual

Talvez a mais absurda constatação da diferenciação de gênero no Brasil diz respeito ao salário. É curioso constatar que, em pleno século XXI, os homens ainda ganham salários muito mais elevados que os das mulheres. Um estudo do Banco Interamericano de Desenvolvimento (BID) revela que o problema ocorre de forma grave em toda a América Latina. Segundo o relatório "Novo século, velhas desigualdades", os homens ganham em média 10% a mais do que as mulheres nos dezoito países latino-americanos pesquisados.

Se comparados homens e mulheres com o mesmo nível de instrução e idade, a diferença sobe para incríveis 17%. No Brasil, no entanto, essa diferença é de alarmantes 30%. Ou seja, se um homem ganha um salário de R$ 3.000,00, uma mulher de mesma idade e qualificação ganharia R$ 2.100,00. E há parlamentares, como o deputado federal Jair Bolsonaro (PP-RJ), que defendem que não há injustiça nesse quadro, porque a contratação de mulheres é um risco para as empresas, já que podem engravidar.

Difícil saber com maior precisão qual seria o posicionamento de Gandhi, uma vez que viveu em um mundo bastante diferente deste que se desenha, após as revoluções comportamentais da segunda metade do século passado que transformaram bastante a forma como se vê a mulher. Mas é possível fazer algumas inferências a partir de como ele se posicionou nos debates da época.

Urge também observar que esse cenário poderia ser diluído, caso se avance em direção a uma legislação mais ampla, de maior proteção aos direitos da mulher. Em parte, a Lei Maria da Penha é um elemento positivo nesse campo. Mas é pouco diante dos avanços que se fazem necessários. E a julgar pela conformação atual do Congresso Nacional, possivelmente avançaremos menos ainda. Os parlamentares eleitos na última legislatura conformam o mais conservador dos congressos desde o fim da ditadura civil-militar (1964-1985), segundo medição do Departamento Intersindical de Assessoria Parlamentar (Diap).

Da mesma forma, embora o país tenha tido pela primeira vez uma presidente mulher, o número de mulheres no parlamento é vergonhosamente reduzido. Na Câmara, há cinquenta e uma deputadas federais – 9,9% do total. E no Senado, dentre oitenta e um integrantes, apenas onze são mulheres – totalizando 13,6% dos senadores. Desde 2009, os partidos são obrigados a ter ao menos 30% das candidaturas ao parlamento compostas por mulheres. Mas a maioria das legendas ainda utiliza do recurso da candidatura laranja, apenas para obedecer à lei. Na última campanha eleitoral, no entanto, o número de mulheres candidatas cresceu em 61% (5.056 candidatas). Há de se ressaltar que, na disputa de 2014 à Presidência da República, três dos quatro candidatos mais bem votados eram mulheres: Dilma Rousseff (1ª), Marina Silva (3ª) e Luciana Genro (4ª).

Muito a avançar

Em 1979, a Organização das Nações Unidas (ONU) criou o Comitê da Convenção sobre a Eliminação de todas as Formas de Descriminação contra a Mulher (Cedaw, na sigla em inglês), para avaliar os direitos do sexo feminino. Recentemente, o órgão divulgou relatório segundo o qual o Brasil avançou muito pouco nesse sentido, seguindo pouquíssimas recomendações da ONU.

Dois temas foram sugeridos pelo comitê para o Brasil fortalecer seu trabalho: tráfico de mulheres e exploração da prostituição e saúde da mulher.

De fato, o tráfico de mulheres e a exploração da prostituição são problemas sérios em grandes capitais brasileiras. O Congresso Nacional fez, recentemente, duas Comissões Parlamentares de Inquérito (CPI) sobre o tráfico. Porém, a dificuldade de informações dificulta o estabelecimento de políticas públicas. Em relação à saúde da mulher, o país havia se comprometido com a ONU de reduzir em 15% o nível de mortalidade materna. A redução, embora tenha ocorrido, não atingiu o patamar. De acordo com o Ministério da Saúde, o Brasil tem hoje sessenta e dois casos de morte materna a cada cem mil nascimentos.

Uma das principais causas desse quadro é um recorde vergonhoso para o país. O Brasil é o recordista mundial em número de cesarianas. No país, nada menos do que 52% dos partos são feitos através de cirurgia, enquanto o índice sugerido pela Organização Mundial de Saúde (OMS) é de, no máximo, 15%. Na rede privada, o nível chega a incríveis 83%. As chamadas Casas de Parto, que realizam o procedimento sem cesarianas, têm sido perseguidas por entidades médicas. Organizações feministas acusam a existência de uma "indústria de partos", onde valeria mais aos médicos o conforto de receber seu pagamento pela cirurgia e ter domínio de data e horário de nascimento dos bebês.

Outra causa de morte materna é a relação do país com a legislação sobre o aborto. No Brasil, há três casos de gravidez em que o aborto é permitido: em casos em que a fecundação se deu por meio de estupro, em casos em que o bebê é anencéfalo (sem cérebro), e quando a mãe corre risco de vida. Ocorre que, por conta de orientações religiosas, mesmo nesses três casos as mulheres têm dificuldade de conseguir a permissão para cirurgia. As organizações feministas costumam reivindicar discussões mais amplas sobre o aborto, lançando debates frequentemente polêmicos, porém necessários, na sociedade brasileira.

No tema da mulher, é difícil localizar exatamente qual seria a posição de Gandhi sobre cada discussão específica. O mundo se transformou profundamente desde que o líder indiano morreu, e talvez este seja o campo onde as mudanças foram mais profundas. O historiador inglês Eric Hobsbawm costumava dizer que a única revolução que realmente vingou no século XX foi a da libertação das mulheres. Isso lança os diferentes debates relativos ao feminino a outro patamar. Podemos, no entanto, resgatar de Gandhi seu entendimento de que as mulheres são seres equiparáveis aos homens em todas as esferas da vida, e como tal devem ser respeitadas. Dito isso, basta lançar luz e bom senso a todos esses debates.

X

GANDHI
E O DIREITO

> *"A verdadeira condição da não violência*
> *é a Justiça em toda parte,*
> *em cada esfera da vida."*
> (Mohandas K. Gandhi)

A profissão de Gandhi todos conhecem – ele era advogado formado em Londres, na Inglaterra. Exerceu a profissão por muitos anos, principalmente na África do Sul. Evidentemente, como era de se esperar, desenvolveu uma interpretação única do universo do Direito que vale a pena ser explorada. Em seu livro mais apaixonado, o *Hind Swaraj*, chegou a levantar a hipótese de uma Índia sem advogados, com outra formulação de sociedade no que se refere ao julgamento e à organização da vida social.

Vale se debruçar mais na forma de Gandhi ver e exercer o Direito. Ele foi advogado por duas décadas na África do Sul. Havia se formado na Inglaterra, e teve pouco sucesso profissional em seu retorno à Índia – segundo ele, por ser muito tímido e introspectivo. Por isso, não hesitou em viajar à África quando teve a oportunidade de emprego. Em seu livro *Minha vida e minhas experiências com a verdade*, ele conta a história de um dos primeiros casos que pegou, que ilustra bem sua forma de atuar.

Um parente de seu cliente havia sacado notas promissórias e não pagou a dívida. Havia grande chance de Gandhi ganhar a causa, o que ele percebeu logo. Mas, na formulação de sua atuação, ele incluiu uma observação não muito comum. Ele disse que teria boas chances de ganhar, mas que o derrotado ficaria em penúria, porque vivia grave crise econômica. Por isso, as consequências seriam sérias, e a pessoa poderia até mesmo se suicidar por desonra. Logo, ele propôs uma solução de mediação, que em parte contemplasse o drama do devedor. E seu cliente aceitou.

Por esse caso, percebe-se que Gandhi não estava somente preocupado em ganhar a causa – queria antes de tudo ser justo. Sua atuação como advogado foi sempre assim. Depois que ele passa a ser um ativista social, já na primeira década do século XX, com o tempo acaba se tornando advogado das minorias, dos injustiçados, dos perseguidos. Seus textos da época revelam esse Gandhi extremamente comprometido com a Justiça, com a Verdade – muito embora, ainda revelassem um jovem com alguns preconceitos e certa estreiteza de concepção de mundo, algo que se modificaria com o tempo.

Direitos Humanos

Talvez seja interessante abordar como o pensamento de Gandhi teve consequências importantes no desenvolvimento, ao longo do século XX, da ideia de Direitos Humanos. A Declaração Universal dos Direitos Humanos foi assinada em 10 de dezembro de 1948, pouco mais de dez meses após a morte do líder. E é evidente que a vida messiânica do Mahatma teve forte influência na formulação do belo tratado, até hoje vilipendiado e desrespeitado em quase todos os países do mundo. Os trinta artigos da Declaração são uma ode à sociedade respeitosa e igualitária que se forjava construir, da qual infelizmente ainda estamos um tanto distantes.

No campo dos Direitos Humanos e da Cultura de Paz, algumas técnicas foram sendo desenvolvidas tendo como grande referência os elementos deixados por Gandhi. Talvez a Mediação de Conflitos (também chamada Transformação de Conflitos ou Resolução de Conflitos) seja o campo onde isso fica mais claro. Um dos principais intelectuais que pensaram a Mediação de Conflitos é Johan Galtung. O sociólogo norueguês viveu na Índia quando jovem, onde estudou Gandhi. Evidentemente, tomou as experiências do líder como norte de sua formulação teórica.

Em seu livro *O caminho é a meta: Gandhi hoje*, Galtung deixa isso claro. Toda a teoria que ele constrói da Mediação de Conflitos parte daí. Em seus textos, ele resgata a maneira de o Mahatma encarar a divergência. Para Gandhi, o conflito era uma dádiva, como uma oportunidade que o universo estava nos dando de superar as contradições de uma situação. Quando o conflito surgia, portanto, isso queria dizer que aquela situação não era boa para nenhuma das partes, e havia de ser encontrado um caminho de mediação.

Cultura de paz

A Mediação de Conflitos é utilizada por uma série de organizações não governamentais (ONGs) e instituições no Brasil para buscar solucionar conflitos de quaisquer espécies. Outro campo próximo que cada vez ganha mais expressão no Brasil é o da Justiça Restaurativa. Aplicado no âmbito do Judiciário, busca resolver conflitos através de círculos de diálogo, com metodologia específica. É uma tentativa mais humana de resolver problemas sem judicializar os casos. Em estados como São Paulo e Rio Grande do Sul, a Justiça Restaurativa tem se desenvolvido de forma bonita. Um instrumento semelhante são os Círculos de Construção de Paz.

A Justiça Restaurativa (ou Disciplina Restaurativa) também é utilizada em escolas para resolver conflitos entre estudantes, professores e funcionários. A cidade paulista de São Caetano do

Sul tem uma bela experiência nesse sentido. E lógica semelhante também se utiliza em hospitais, como tem sido testado em São Paulo. Além disso, o Tribunal de Justiça do Rio de Janeiro tem avançado no sentido de usar a Justiça Restaurativa no sistema socioeducativo, para adolescentes em conflito com a lei menores de 18 anos.

Outra ferramenta que guarda suas conexões com o pensamento gandhista é a Comunicação Não Violenta (CNV), que se tem popularizado muito no Brasil, como mecanismo de gestão de conflito. E também a metodologia da constelação familiar. Na 1ª Vara de Família do Fórum Regional da Leopoldina, no Rio de Janeiro, o uso da constelação para solucionar conflitos, e dessa forma evitar a judicialização, avança de forma muito bonita. Nada menos do que 86% dos casos onde a técnica foi utilizada, segundo pesquisa recente, resultaram em acordos.

Gandhi, evidentemente, não inventou nenhum desses instrumentos. Mas todos eles têm conexão com os valores que deixou, e com sua forma de atuar como ativista social. Desses valores, um dos mais importantes, e que o Brasil está mais precisando neste momento de intolerância, é a capacidade de aceitar diferenças, de ouvir o outro. Para sublinhar isso, sugiro recorrer aos textos dele.

"A não violência não existe se apenas amamos aqueles que nos amam. Só há não violência quando amamos aqueles que nos odeiam. Sei como é difícil assumir essa grande lei do amor. Mas todas as coisas grandes e boas não são difíceis de realizar? O amor a quem nos odeia é o mais difícil de tudo. Mas, com a graça de Deus, até mesmo essa coisa tão difícil se torna fácil de realizar, se assim queremos", escreveu. Essas palavras são excelente ponto de partida para quem quer exercer o direito com ética, justiça e capacidade real de transformação social.

XI

GANDHI
E OUTROS TEMAS

Gandhi e comunicação

> "A imprensa é chamada de o quarto poder.
> É definitivamente um poder,
> mas abusar dele é criminoso.
> Os jornalistas deveriam ter consciência disso
> e conduzir seu trabalho sem qualquer outra ideia
> que não seja a de sustentar a Verdade".
> (Mohandas K. Gandhi)

O líder indiano tinha uma profunda relação com a comunicação em cada passo que dava na vida. Ainda na África do Sul, quando iniciou seu ativismo contra a opressão racista no país, fundou o jornal *Indian Opinion*, que era editado em quatro línguas – inglês, hindi, gujarate e tamil. Pouco depois, escreveu que sem o jornal a campanha de resistência pacífica – o *Satyagraha* – não teria sido possível. Mesmo depois que Gandhi voltou à Índia, em 1915, a publicação não acabou. Seu segundo filho, Manilal, volta à África do Sul em 1920 e editou o *Indian Opinion* até 1956. Ele também atuou nos jornais *Young India* e *Navjivan*.

Ele sempre teve a preocupação com o braço informativo e jornalístico do *Satyagraha* e da sua visão de mundo. Anos depois, fundaria o *Harijan*. O nome do jornal fazia menção à forma de Gandhi se referir aos intocáveis – *Harijan*, ou "filho de Deus". Nesse veículo, criado em 1933 na Índia, ele denunciava sobretudo o preconceito e a pobreza nas regiões rurais do país. Vale mencionar também a forma como Gandhi enfrentava o bloqueio midiático às suas lutas – utilizava a imprensa estrangeira. Por isso, na África do Sul racista onde vivia, muitos veículos não publicavam as ações de seu movimento, ou as publicavam com desdém. Mas Gandhi utilizava seu contato com a imprensa britânica para furar o bloqueio midiático. Eu mesmo, como militante político, já usei de estratégia semelhante, ao usar a mídia de São Paulo para repercutir temas que a mídia fluminense bloqueava, por estar conectada ao jogo de poder local.

"Quando um jornal é tratado como um meio de fazer lucro, o resultado provável será seu mau uso extremo", escreveu Gandhi certa vez. Esse debate é extremamente importante no Brasil do século XXI. A mídia brasileira é bastante concentrada, e frequentemente faz um jornalismo de duvidosa qualidade. No Brasil, segundo estudos de Sérgio Caparelli e Venício Lima, sete famílias controlam 80% de tudo o que é visto, ouvido ou lido. Proibida em muitos países de democracia sólida, a propriedade cruzada, que acontece quando um mesmo grupo controla emissoras de TV, jornais, revistas, rádios e sites, é comum no Brasil.

Embora as emissoras de TV sejam concessões públicas, nem sempre agem como tal. Sublocam parte da programação para igrejas neopentecostais, nem sempre limitam a publicidade a apenas 25% da programação, nem sempre reservam 5% da programação para programas jornalísticos, entre outras violações da lei brasileira. É muito comum, no Brasil, figuras públicas da política serem donos de concessões midiáticas – um quarto do senado é ocupado por parlamentares que são donos de veículos midiáticos. Ou seja, as empresas de mídia brasileiras estão frequentemente à margem da lei, e nada se fala sobre isso – até porque, eles não vão denunciar suas próprias irregularidades.

A perseguição às rádios comunitárias é outro aspecto da dificuldade de se comunicar no Brasil por fora da lógica das grandes corporações. A mídia brasileira, por mais que tenha avançado do ponto de vista tecnológico, ainda é extremamente concentrada. Por isso, não contempla a diversidade de vozes que existe na sociedade. O campo progressista se sente, quase sempre, sub-representado. É preciso que se entenda – como Gandhi entendeu – que todas as pautas da sociedade dependem da criação de um cenário midiático mais amplo, diversificado e democrático.

Gandhi e a saúde

> *"A saúde perfeita pode ser atingida apenas em se vivendo em obediência às leis de Deus".*
> (Mohandas K. Gandhi)

No campo da saúde, Gandhi era bastante idealista. Para ele, seria necessário buscar métodos bastante naturais de tratamento. No livro *Key to Health* [Chave para a saúde], ele explicita boa parte de suas ideias e experiências nesse campo. Durante boa parte de sua vida, Gandhi fez experimentações com alimentação e investigou formas de tratamento, consigo mesmo e com pessoas que moravam em seus *ashrams*. Ele não tomava remédios alopáticos e não comia certos tipos de alimento.

Acreditava no poder da medicina *ayurveda*, uma tradição naturalista de medicina que nasceu no Sul da Índia há mais de sete mil anos. Como cuidava de muitos doentes, ele utilizava compressas, reposição de lama, entre outras técnicas de tratamento natural. Encarava a doença pela perspectiva da tradição antiga hindu, como uma resposta kármica do corpo a processos do passado e que deveriam ser vivenciados. Era absolutamente contrário ao uso de drogas, álcool e tabaco, que ele achava que deveriam ser proibidos – um debate importante no mundo do século XXI, em que os setores progressistas denunciam a falência do modelo de guerra às drogas.

A visão de Gandhi sobre o que significa saúde e como o combate à doença deve ser feito definitivamente deveria servir de inspiração aos ocidentais, incluindo os brasileiros. Nos países do Ocidente, não se tem culturalmente essa concepção da doença como um sinal linguístico do corpo avisando que algo saiu da ordem. Logo, os tratamentos tratam frequentemente o efeito, e não a causa do problema. Uma enxaqueca, por exemplo, pode ter sua origem em estresse e nervosismo, ou em desejo sexual contido – uma novalgina pode reduzir o mal-estar, mas não vai resolver o problema.

No Brasil, são vastas as tradições alternativas de medicina que têm uma concepção de saúde semelhante à de Gandhi. Têm sido cada vez mais divulgados tratamentos como homeopatia, acupuntura, reiki, fitoterapia, cromoterapia etc. Também são comuns os tratamentos espirituais, uma vez que o Brasil é o maior país espírita do mundo. Esse tipo de tratamento é aqui mencionado porque nele também se preocupa em diagnosticar a causa kármica das doenças. Ou seja, segundo esse raciocínio, o tratamento correto de uma doença passaria também pela reforma íntima do doente. Entretanto, é preciso que se diga que são fartos os relatos de charlatães nesse universo.

Gandhi também sublinhava a importância, para a saúde, de uma alimentação benfeita e controlada (entre seus onze votos estava o "controle do paladar"), do trabalho físico, da relação com Deus (orações e mantras), entre outros elementos. Os *ashrams* onde viveu contavam, em geral, com uma unidade de saúde onde se praticava uma medicina bastante natural.

Um dos nocivos hábitos brasileiros que existem na atualidade pode ser citado em especial, porque é exatamente o tipo de costume que Gandhi criticava. Tornou-se comum nas escolas brasileiras considerar ruim a inquietação das crianças e medicá-las com remédio. Toma-se a natural inquietação infantil como doença, que seria curada com uma droga. O Brasil tornou-se o segundo país do mundo que mais utiliza esse tipo de medicação – o consumo aumentou 1.500% em uma década. Um crime contra a infância, que retrata bem a falência do modelo de sociedade ocidental que Gandhi costumava criticar.

Gandhi e o esporte

> *"Olho por olho, e o mundo acabará cego."*
> (Mohandas K. Gandhi)

O futebol é o esporte mais popular do Brasil e do mundo. Já fomos conhecidos como o país do futebol, embora hoje seja questionável se ainda continuamos merecendo tal título. O esporte é parte integrante de nossa identidade. E há nele uma conexão com outras esferas extremamente importantes da vida, como a saúde, a sociabilidade, o sentimento de bem-estar e a convivência com outros grupos sociais diferentes daqueles a que nos habituamos.

Grandes líderes da humanidade souberam utilizar das potencialidades do esporte para grandes conquistas sociais. É conhecida a inteligente decisão de Nelson Mandela na África do Sul de usar o rúgbi para unir o país, depois de ser eleito presidente. Após décadas de *apartheid*, eles iriam sediar o campeonato mundial do esporte. Mandela tinha inúmeros motivos para ter mágoa dos brancos, que o mantiveram na prisão por vinte e sete anos. Mas ele fez a nobre opção pacifista pelo perdão, e com isso uniu brancos e negros em torno do esporte. Utilizou especialmente um dos jogadores do time, que era negro. O filme *Invictus* (Clint Eastwood, 2009) retrata bem o caso.

Gandhi atuou pouco nessa seara. Mas atuou. Ainda na África do Sul, no início do século passado, ele ajudou a estabelecer três times de futebol, em Durban, Pretória e Johannesburgo. As equipes eram chamadas de Passive Resisters Soccer Club. Ele utilizava o esporte para promover valores e espírito de grupo. Durante os jogos distribuía folhetos contra o racismo no país. Gandhi ajudou a fundar, em 1903, a Federação de Futebol Hindu da África do Sul.

Gandhi voltou para a Índia em 1915, e os times se dissolveram. Mas seus seguidores fundaram, em 1928, o Manning Rangers F. C. Curiosamente, com o fim do *apartheid*, foi enfim realizado um campeonato nacional unindo times dos brancos, dos negros e dos indianos em 1996. E o campeão foi o Manning Rangers. As escolas indianas do movimento *Nai Talim*, inspiradas nas ideias educacionais de Gandhi, frequentemente utilizam o esporte como mecanismo de promoção de união, integração social e saúde.

No Brasil, sobra talento e falta política no setor esportivo. Escolhido para ser sede da Copa do Mundo de 2014 e das Olimpíadas de 2016, o país alcançou um legado muito diminuto. Mesmo em termos de infraestrutura, perdeu mais do que ganhou. Pior do que isso. O Brasil não conseguiu amadurecer sua ideia sobre as conexões do esporte com saúde, educação e segurança pública. Seguiu apostando na lógica das grandes estrelas nacionais, que iriam vencer as disputas, subir no ponto mais alto do pódio e levantar a bandeira do Brasil. Não caiu a ficha de que isso, embora seja importante, não se compara ao amadurecimento social do país. Os dois megaeventos se foram, e o país acumulou muito pouco.

O esporte poderia ter sido utilizado como ferramenta educacional, de estímulo à sociabilidade e ao empoderamento infantil, como fazem as escolas do *Nai Talim*. O esporte nas escolas poderia também ser estimulado como mecanismo de saúde pública, reduzindo os gastos extremos que se tem no setor. E ao se estimular a prática de esporte nas regiões mais empobrecidas, isso teria uma consequência direta na segurança pública, porque crianças sem oportunidade teriam uma alternativa ao tráfico de drogas.

Nada disso foi feito. Perdemos essa oportunidade. Que os exemplos de Mandela e Gandhi, mesmo quando o debate é a ação na área esportiva, sigam iluminando nosso futuro. Porque nem sempre nos sentimos animados ao analisar o presente e o passado. Ajustando melhor o foco no olhar que se tem em cada questão, é definitivamente possível mudar o mundo. Basta estar disposto a dar os passos certos e se doar dia e noite para isso.

CONCLUSÃO

> *"Acreditar em algo e não vivê-lo é desonesto."*
> (Mohandas K. Gandhi)

Ideias de ternura e transformação atravessam incólumes o tempo. Passaram-se setenta anos da morte de Mahatma Gandhi, e aqui estamos nós discutindo a vida e a mensagem desse homem, que viveu a quinze mil quilômetros do Brasil. Sua trajetória rica e sua vida intensa e diversa trouxeram um legado ímpar à humanidade. Nossa tarefa é aproveitar essa experiência vasta de Gandhi para incorporar, em terras tupiniquins, projetos e valores que nos parecerem mais atuais.

O Brasil, como o mundo, vive um momento decisivo. A conjuntura nacional parece estar em profunda turbulência há alguns anos. Nesses momentos de final de ciclo, é natural que parte da população se deixe tomar pelo desânimo e pela desesperança, por conta do grave quadro político, social, econômico e ambiental. No entanto, há razões suficientes para acreditar que um país melhor já está sendo gestado. Um exército de brasileiros inovadores e idealistas já está ativo, em todo território nacional. Não tenho dúvidas de que um futuro bom já está sendo construído.

Nesse sentido, torna-se imprescindível buscar o exemplo dessas figuras inspiradoras como Gandhi, que podem enriquecer nossos projetos, nossas visões sobre a realidade brasileira.

Sua trajetória tem meio século de profunda atividade. Logo, ele deixou muitas ações, ideias, textos, lições. Nem tudo tem relação com um país tão diferente da Índia como o Brasil, e nem todas as suas ideias resistiram ao tempo. Entretanto, orientados pelo bom senso e por uma concepção madura do momento do país, cabe a nós aproveitar o que nos parece atual.

Importante notar que as ideias defendidas neste livro têm muito de Gandhi, mas também têm muito da trajetória do próprio autor, que em suas andanças e investigações se deparou com muitos dos debates aqui alinhavados. Hoje, não tenho dúvida de que o mundo novo não será construído sem o amadurecimento de muitos instrumentos que foram elencados em cada um dos capítulos anteriores: o ativismo social não violento, a Justiça Restaurativa, a economia solidária, as novas experiências de educação, a transformação de conflitos, e tantos outros conceitos aqui debatidos.

Certamente, parte do que foi dito aqui ressoou dentro de você como algo importante e verdadeiro – embora nem tudo. É seu papel, portanto, aproveitar as ideias que lhe chamaram maior atenção para a construção de uma trajetória inovadora no mundo. Você pode. Todos nós podemos. O seu futuro ainda é uma página em branco. E o que será escrito nessa página depende unicamente de sua vontade.

Vivemos em um país jovem, se comparado com outros países do mundo. Nossa democracia ainda está em processo de amadurecimento, e vivemos dilemas que foram enfrentados por outros povos em outro momento de sua história. Para isso servem as grandes personalidades, como inspiração e referência. É tarefa de todos nós observar os bons exemplos e arregaçar as mangas para construir, para nosso país, uma história bela.

Por muitos anos, devido à minha facilidade com o texto escrito, ouvi as pessoas me dizerem que deveria escrever um livro. Eu costumava dar sempre uma mesma resposta. "Não tenho nada de novo a dizer para a humanidade. O que tenho a dizer já está escrito nos livros que eu leio". Este aqui é meu primeiro livro. Pois bem, mantenho essa opinião. Não tenho mesmo nada de novo a dizer para a humanidade. Mas tenho algo a dizer sobre uma nova humanidade. E através das ideias e exemplos de Gandhi, tentei aqui dizê-lo. Espero ter sido de bom proveito.

Como aparentemente vivemos no país – e no mundo – um final de ciclo, em breve surgirá um novo ciclo. Teremos muito trabalho para construir o amanhã. Em alguns momentos, com as notícias ruins que se leem nos jornais e que se assistem na TV, seremos tomados pelo desânimo, pela desesperança. É natural. Porém, há razões para otimismo. Há motivos para acreditar que este mundo está grávido de outro, e que um novo modo de se organizar a vida no planeta já está em gestação.

Por mais poderosos que sejam os tiranos do mundo, eles jamais terão o poder de nos tirar a esperança, o idealismo e a liberdade. Estes são os instrumentos maiores para a construção do mundo que virá – e ele certamente virá. Cada capítulo desta obra almejou somente lançar luzes para aquilo que já existe dentro de cada um. Portanto, feche com vigor e fé essas páginas, ciente de que você é o ator de nosso futuro, de que não está sozinho, e de que juntos teremos sucesso na tarefa árdua de construir um mundo de paz sobre os destroços da insanidade e do desamor que hoje ainda imperam. Siga em paz, vamos juntos.

Impresso na gráfica da
Pia Sociedade Filhas de São Paulo
Via Raposo Tavares, km 19,145
05577-300 - São Paulo, SP - Brasil - 2018